〈新版〉

ユダヤ5000年の教え

ラビ・マービン・トケイヤー
Rabbi Marvin Tokayer
加瀬英明　訳

小学館新書

はじめに

ユダヤ人は頭が良い、といわれる。

これは何も、ユダヤ人がそう言っているのではなく、そのような世界のコンセンサスがあるから、真実がこもっていよう。

これほど、多くの成功者を生んだ民族はいない。これも、ユダヤ人がそう言っているのではなくて、世界の定評となっている。

ユダヤ人は世界で最古の民族の一つである。いまでもイスラエルで使われている暦では、西暦二〇一六年はユダヤ暦五七七六〜五七七七年にあたる。刃物にたとえてみれば、ユダヤ人は五〇〇〇年以上の歴史によって研《と》ぎすまされ、磨きたてられた。

それもユダヤ民族は、苦難に満ちた灼熱《しゃくねつ》のような歴史によって、鍛えられてきた。ユダヤ人は、祖国が滅亡してから一八〇〇年以上たって、一九四八年にイスラエルが中東の一隅に再建国されるまでは、国土を持っていなかった。ユダヤ人は世界中に四散して、異国に住んで迫害を受けながら、宿借《やどかり》のような生活を強いられた。

このように長く逆境を生き抜いた民族は、世界に他にいない。ユダヤ人だけである。これは、ユダヤ人の大きな特徴である。

ユダヤ人は国家も、国旗も軍隊も持っていなかった。持っていたのは、ユダヤ教の教えと、やりぬこうとする意志の力だった。他の民族だったら屈してしまうような障害と闘い、ビジネス、科学、思想哲学、芸術の分野で優れた人材を数多く生んだ。

日本には「艱難辛苦汝《かんなんしんくなんじ》を玉にす」という言葉があるが、ユダヤ人の歴史はまさにそのとおりのものである。苦労をはねかえしてきたことが、ユダヤ人という優れた民族をつくった。

私はユダヤ人であるから、当然、ユダヤ人であることに、深い誇りの念を抱いている。どこから、このような誇りが涌《わ》いてくるのだろうか。それはユダヤ人が世界人口にくらべれば、ごくひと握りの人数にしか当たらないというのに、人類の長い歴史を通じて、ビジネスから、科学、思想、芸術にわたる人間活動のあらゆる場で、数多くのユダヤ人が人類を向上させ、進歩をもたらすのに貢献してきたからである。

ユダヤ人ほど、知性を重んじてきた民族はあるまい。国土も持たず、文字通りに徒手空拳で、苛酷《かこく》な環境と闘ってきた。そこで身につけた知性しか、頼れるものがなかった。

おそらく世界のなかで、ユダヤ人と日本人ほど、教育熱心な民族はあるまい。ユダヤ人はユダヤ教が全員に『聖書』を読むことを義務づけてきたことから、有史以来、識字率はほぼ一〇〇%だ。ユダヤ人は「本の民族」と呼ばれている。本とは『聖書』のことだ。

日本人も、江戸時代に寺子屋が全国にあったために、諸国のなかで識字率は高かった。

今日、日本の若者の活字離れが進んで、向学心が衰えているのは心配である。

ユダヤ人は知性を武器として身につけて、圧迫をはね返し、人生の頂上をきわめてきた。

だが、知性や、知識だけでは、人生という闘いに勝つことができない。

もう一つ、大切なものがある。いったい、それは何なのだろうか。

それは知恵である。知恵は処世術だ。知恵は人生を巧みに渡る、ノウハウである。人は日常、仕事の進めかたや、対人関係の律しかたや、自分の行《おこな》いについて、どうするべきか、刻々選択を行うことを強いられる。そのようなときに、人生の羅針盤となるのが知恵だ。

知性と知識が、丈夫な船体をつくっているとすれば、知恵は羅針盤に当たるものだ。羅針盤なしに、大海を渡ることはできまい。

知恵は機転でもある。人生や、ビジネスで困難に直面したときに求められるのが、機転だ。知恵を磨くことによって、勘が鋭くなる。

本書は、ユダヤ人が五〇〇〇年にわたって蓄積してきた知恵――『旧約聖書』、『タルムード』（詳しくは第1章で解説）、『ミッドラッシュ』（ユダヤ教の教典の一つ）、その他のことわざなど――を、集大成したものである。ユダヤ人の知恵を砥石《といし》として使って、能力を大いに磨いてほしい。

ラビ・マービン・トケイヤー

ユダヤ５０００年の教え　目次

奇跡を〝願って〟も良い。しかし、奇跡に〝頼って〟はならない。
善行の〝最大の報酬〟は、何か？　〝もう一つ善行ができること〟である。
〝善行〟よりも〝悪事〟のほうが、速く広まる。
目には目、歯には歯。
人は金銭を時間よりも大切にするが、〝失われた時間〟は金銭では買えない。
悪人は〝雪〟に似ている。
〝庭〟を見れば、〝庭師〟がわかる。
〝偉大な商人〟だといっても学者にはなれない。
どのように長く立派な〝鎖〟でも、一つの〝輪〟が壊れれば役に立たない。
人はよその町では〝衣服〟によって判断される。
〝酒〟が入ると、〝秘密〟が出ていく。
食事は〝自分の好み〟に合わせ、服装は〝社会の好み〟に合わせよ。
どれほど〝高価な時計〟でも、刻む一時間の長さは同じ。
鍵は〝正直者のため〟だけにある。
〝退屈な男〟が部屋を出てゆくと、誰かが入ってきたような気がする。
カリフラワーに棲む虫は、カリフラワーが〝全世界〟だと思っている。
人の生まれと死にかたは、本の〝表紙〟と〝裏表紙〟のようなものである。
あまり座っていると、〝痔に悪い〟。あまり立っていると、〝心臓に悪い〟。

ユダヤ人が安息日を守ってきたというよりも、安息日がユダヤ人を守ってきた。
井戸につばを吐く者は、いつかその水を飲まなければならない。
〝理想主義者〟とは、〝早合点〟する者である。
成功の〝半分〟は、忍耐だ。
成功の扉を開けるためには、〝押す〟か〝引く〟かしなければならない。

日々の生活に活きるユダヤ金言集①

あなたが〝持っていないもの〟を、〝必要としない人に売る〟のがビジネスである。
金銭は無慈悲な主人だが、〝有能な召使い〟にもなる。
金銭は、〝機会〟を提供する。
ふくれた財布が〝すばらしい〟とはいえない。しかし、空の財布は〝悪い〟のだ。
金銭は呪いでも、悪でもない。〝人間を祝福する〟ものだ。
金持ちをほめる者は、〝お金をほめている〟のである。
大金持ちには、子どもはいない。〝相続人〟しかいない。
財産をたくさん持っていると、心配ごとは〝多い〟。
お金は〝良い人に良いもの〟をもたらし、〝悪い人に悪いもの〟をもたらす。

お金は人間に対し、〝衣服が人間にすること〟しかできない。
借金は、〝かゆいところをかく〟ようなものだ。
貸すときは〝証人〟を立てよ。与えるときには〝第三者〟がいてはならない。
どちらかといえば、お金を稼ぐのは、やさしい。〝使いかたが難しい〟のだ。
お金はけっして、すべてを〝良くはしない〟。
石のような心は、〝黄金の槌〟をもってのみ開くことができる。
貧乏は〝恥〟ではない。しかし〝名誉〟だと思うな。
日々の生活に活きるユダヤ金言集②

第4章 ● 幸福と不幸

神は〝朗らかな者を祝福し給う〟。楽観は、自分だけでなく、他人も明るくする。
天と地を笑わせたかったら、孤児を笑わせなさい。
〝泣いてばかりいて〟一生を過ごしてはならない。
どうせハムを食べるなら、〝おいしく〟食べたほうが良い。
他人を幸福にするのは、香水をふりかけるようなものだ。
〝幸福〟を追うと、〝満足〟から遠ざからねばならない。
つねに、〝もっと不幸がある〟と思いなさい。

〝したかったのにしなかったこと〟のほうが、後悔が大きい。

〝見知らぬ人〟に親切にするのは、〝天使〟に親切にするようなものである。

人に言われてからした良いことは、〝半分〟しか、価値がない。

ブドウの房は、〝重ければ重いほど〟、下に下がる。

最高の知恵は、〝親切〟と〝謙虚〟。

客が咳をしたら、〝スプーン〟をあげなさい。

他人の欠点を探すのに熱中している者は、自分の欠点が見えない。

人間は〝鉄〟よりも強く、〝ハエ〟よりも弱い。

人は転ぶと、まず〝石〟のせいにする。石がなければ〝坂〟のせいにする。

犯された行為は変わらずに残るが、〝人間は日々変わってゆく〟。

人間が天地創造の最後の日につくられたのは、〝傲慢さをなくすため〟である。

〝心を耕すこと〟は、頭脳を耕すよりも尊い。

石鹸は体のため、〝涙は心のため〟。

明日のことを心配しすぎてはならない。

神は〝正しい者〟を試される。

日々の生活に活きるユダヤ金言集③

第5章 ● 知識と知恵

〝理想のない教育〟は、〝未来のない現在〟と変わらない。
エルサレムが滅びたのは、〝教育が悪かったから〟である。
人が生きている限り、奪うことができないものがある。それは〝知識〟である。
〝お金を貸す〟のは断ってもよいが、〝本を貸す〟のを拒んではいけない。
〝本は知識〟を与え、〝人生は知恵〟を与える。
祈るときは短く、〝学ぶときには長い時間〟をかけよ。
あなたの舌に「私はわからない」という言葉を一所懸命教えなさい。
自分の欠点が直せないといっても、〝自己を向上させる努力〟を諦めてはならない。
生物のなかで人間だけが笑う。人間のなかでも、〝賢い者ほどよく笑う〟。
〝山羊〟に鬚があるからといって、〝ラビ〟にはなれない。
子どもに教えるもっとも良い方法は、〝自分が手本を示すこと〟である。
人は誰しも大人にならない。〝子どもが歳をとるだけ〟である。
幼い子どもは〝頭痛〟を与えるが、成長すると〝心痛〟を与える。
愚か者にとって、老年は〝冬〟である。賢者にとって、老年は〝黄金期〟である。
老人を大切にせぬ若者には、〝幸福な老後〟は待っていない。
日々の生活に活きるユダヤ金言集④

第6章●

賢者の言葉

〝口から逃げた言葉〟を捕らえることはできない。
口をふさぐことを知らない人間は、〝戸が閉まらない家〟と変わらない。
あなたの舌には、〝骨がない〟ことを忘れるな。
口よりも、〝耳〟を高い地位につけよ。
人間は、〝黙ること〟はなかなか覚えられない。
お世辞は、猫のように他人を〝舐める〟。しかしそのうちに〝ひっかかれる〟。
嘘を口にしてはならない。しかし、〝真実のなかにも口にしてはならぬもの〟がある。
嘘つきは、〝ずば抜けた記憶力〟を持っていなければならない。
もっとも大きな苦痛は、〝人に話せない〟苦痛である。
〝友に話すこと〟は気をつけなさい。
日々の生活に活きるユダヤ金言集⑤

第7章●

恋愛と結婚

情熱のために結婚しても、情熱は結婚ほど〝長続き〟しない。
金と銀は、火のなかで精錬されて、〝はじめて輝く〟。
情熱は〝火と同じほどに危険〟である。
恋愛はいくらすてきでも、〝テニスの役に立たない〟。
神は新しい夫婦が生まれるたびに、〝新しい言葉〟をつくっている。
嫉妬は一〇〇の目を持っている。しかし、〝一つも正しく見えない〟。
〝結婚の鎖〟はとても重い。
息子が結婚するときは、〝母親に離縁状〟を出さなければならない。
結婚するときには、離婚のことも考えなければならない。
初婚は〝天〟によって結ばれる。再婚は〝人間〟によって結ばれる。
結婚へは、〝歩け〟。離婚へは〝走れ〟。
日々の生活に活きるユダヤ金言集⑥

第8章 つきあい術

〝友人のたった一つの心ない言葉〟によって、人は大きく傷つく。
〝神の前〟で泣き、〝人の前〟で笑え。
〝自分を笑える者〟は、他人に笑われない。
いかに〝親しい友〟でも、あまり〝近づきすぎるな〟。
あいまいな友であるよりも、〝はっきりとした敵〟であれ。
老人が若い妻をもらうと、〝老人は若返り、妻は老ける〟。
香水屋に近づけば、〝香りが移る〟。
評判は、最善の〝紹介状〟である。
互いに誤っていたと認めない限り、〝和解にはならない〟。
表情は最悪の〝密告者〟である。
料理は鍋のなかでつくられるのに、〝人は皿をほめる〟。
〝かめ〟のなかにも、高い酒が入っている。
〝知性だけをもって、人びとに愛されよう〟とするのは、
　〝砂漠で魚を捕らえよう〟とするようなものだ。
日々の生活に活きるユダヤ金言集⑦

第1章

なぜユダヤ人に成功者が多いのか

ユダヤ人に関する「神話」

今日、世界にユダヤ人は二〇〇〇万人もいない。たった一四〇〇万人ちょっとである。このうちおよそ八〇〇万人が、ユダヤ人の古くて新しい祖国であるイスラエルに住み、残りが世界中に散らばっている。

一四〇〇万人といえば、世界の大都市の人口とあまり変わらないし、もし一つの国をつくっていたとしても、世界の国を人口順に並べてみれば、中ほどの目立たない場所に入るだろう。それなのに、ユダヤ人は世界の自然科学、社会科学、政治、芸術、音楽、文学、ビジネス、ジャーナリズムといったあらゆる分野に、きら、星のように成功者がひしめいている。どういうわけか、ユダヤ人はスポーツだけは苦手であるが、他の分野なら、第一位から第三位ぐらいの間には入っているだろう。

キリスト、マルクス、アインシュタイン、フロイト、ベルクソン、ロバート・オッペンハイマー、ハイフェッツ、トロツキー、ディズレーリ、キッシンジャー、ドラッカー……。

著名なユダヤ系ビジネスマンでは、ロスチャイルド、ピューリッツアー、ロイター、アーネスト・オッペンハイマー（デ・ビアス社）、マーカス・サミュエル（シェル石油）、アンドレ・シトロエン、カミッロ・オリベッティ……。

アメリカで活躍中のユダヤ人としては、マイケル・デル、ジョージ・ソロス、スティーブン・スピルバーグ、マーク・ザッカーバーグ、ラリー・ペイジ……。

これ以上名前を羅列すると、電話帳のように退屈になるのでやめるが、人間活動の諸分野で輝かしい業績を残したユダヤ人で、誰でも知っているような名前をあげてゆくだけでも、一〇〇〇ページはすぐに埋めることができるだろう。

ユダヤ人がいなかったとしたら、おそらく今日の世界の社会科学や科学技術は、これほど進歩していなかったはずである。ナチス・ドイツの科学技術水準だって、きわめて低いものになっていただろう。そして、成功したユダヤ人は、しばしばドイツ人とか、フランス人とか、アメリカ人として知られている場合が多い。

アインシュタイン――ドイツ国籍をとっていたが、ナチスに追われてアメリカへ亡命した――はこう言っている。

「ユダヤ人が何か大きな業績を残すと『あれはドイツ人だ』といわれ、悪いことをすると

『あれはユダヤ人だ』といわれる。そして、ユダヤ人はよく『レーニンがユダヤ人でなくてよかった』といって安堵《あんど》するのだ」

もちろん、世界のあらゆる進歩がユダヤ人によってもたらされた、というようなことを誰かがあなたに耳うちしたとしたら、あまりにもひどい誇張である。というのは、ユダヤ人は人数が少ないし、世界には他の多くの民族もいるわけだから、とても世界のすべての進歩を独占することはできない。

さて、あなたはきっとこのような話を聞いたことがあるだろう。ユダヤ人が世界の政治、金融、ビジネスを支配して、動かしているという話だ。これも、ユダヤ人が世界のすべての進歩をもたらしたというのと、まったく変わらないほどのひどい誇張である。

ヒトラーは、ユダヤ人がドイツの政治、経済を支配していると言って、反ユダヤ主義をあおった。ところが、このころにニューヨーク大学のある講師が講演して、反論した。

「ドイツ国民六五〇〇万人の一パーセントにすぎないドイツのユダヤ人六五万人が、優秀民族として内外ともに許すドイツ民族を圧倒できるはずがないではないか？」

一九三四年のことである。この年にヒトラーは、ドイツ人が世界の最優秀民族であることを、さかんに宣伝していた。

環境の作品、ユダヤ民族

しかし、ユダヤ人が世界を支配しているというのは途方もない誇張であったとしても、しばしばそういわれるということは、ちょっと脇から見れば、ある意味では、ユダヤ人に対する賛辞となる。このような誤解を生むほどユダヤ人が優秀だ、ということなのだ。

というのは、ユダヤ人は成功者を生む確率がもっとも高い民族なのである。私はユダヤ系アメリカ人なので、すぐに野球を例にひくが、世界の諸民族を野球チームにたとえれば、ユダヤ人はもっとも打率の高い民族なのである。人類の最優秀チームだといっても良いだろう。イスラエルは建国以来七〇年にもならない移民の国なのに、石と砂の砂漠の土地に緑の農業を興し、工業化を進めて、大きく発展した。

もう一つアメリカの例をとってみよう。ユダヤ人はアメリカの人口の二パーセント程度にしかあたらない。それなのに、アメリカのノーベル賞受賞者のなかでユダヤ人が占めている比率をとれば、ほぼ四分の一になるのだ。さらにいうならば、世界の歴代ノーベル賞受賞者の約二〇パーセントは、ユダヤ人なのだ。
また、『世界長者番付』（フォーブス）には、マーク・ザッカーバーグをはじめ多数のユダヤ人が入っている。

歴史的にユダヤ人の業績を考えてみよう。七日からなる一週間をつくったのは誰か？　最後にキリスト教、イスラム教が派生した一神教を考えだしたのは誰か？　最初に義務教育を実施したのは誰か？　民主主義をつくりだしたのは誰か？　これらはみな古代ユダヤ人である。解剖学、医学から、福祉、裁判制度も古代ユダヤ人が基礎をつくったものだ。言ってみれば、ユダヤ人がつくった家のなかに、キリスト教や、イスラム教、医学、民主主義といった家具が並んでいるようなものである。

どうしてこのようなことが起こったのだろうか？　ユダヤ人は、他の民族よりも先天的に優秀なのだろうか？　しかし、ある民族が優生学的に遺伝によって、他の民族よりも頭が良いとか、才能があるというのは、迷信でしかない。髪の色が黒いとか、目が青いとか、背が高いといった肉体的条件は、遺伝子が決定する。しかし、民族の優劣や、民族性といったものは、遺伝ではなく、ある民族が育ってきた歴史のなかに培われる伝統と文化によって決められるものである。その意味では偶然であり、他の民族もまったく同じような環境と条件のもとにおかれれば、同じような成績をあげることだろう。

もちろん、私はここで〝優秀〟というときには、発明、発見や、新しい学説を生みだしたり、洗練された芸術をつくりだす、個人でいえば高い社会的地位につく、高い収入をあげるといったことだけに限って使っている。

この尺度ではもちろん、ある民族が他の民族よりも、すべての面で優秀だとはいえない。ある人種は木にのぼって実をとることに長じているし、また別の人種は吹き矢を使って遠くの小鳥をとることが巧みである。それに何が優れていて、何が劣っているという基準は、民族によって、また文化によって異なるし、さらには個人によっても違うものだ。

もし一面だけとって、ある民族があらゆる面で世界でもっとも優れていると言ったとしたら、これはちょうど、オリンピックで一つの種目にいつも優勝する民族があるからといって、その民族が世界の最優秀民族だと言うようなものである。

たしかに、ドイツは制服づくりでは誰よりも優れていたが、だからといって世界の最優秀民族だといって世界に自己紹介したのは、ドイツ人の勘違いであった。

世界の諸民族の先天的な能力には、差がない。これはオリンピックを例にとってみても、各民族ともあまり能力が変わらないことからもわかるだろう。

だから、ユダヤ人が生まれつき優れているということはない。ユダヤ人の子どもだって、狼の間で育てれば、狼少年のように歯をむいて吠《ほ》えたり、四つ足で歩くようになるだろうし、フロイトやアインシュタインになる可能性はまずないはずである。

このように人間は環境によってつくられる。ユダヤ人はユダヤの環境の作品である。しかし、文化とか、伝統、環境といったものは、ソフトウェアであって、何千年もかかって開発されるものである。そこでユダヤ人の文化や伝統は、仕事の面でも、私生活の面でも、もっとも成功率が高い人間を生むソフトウェアであるといえよう。

絶対の真理、ユダヤ教

この本は、ユダヤ人の成功のノウハウを売ろうとしているのだ。ユダヤの格言には、このノウハウが結晶している。この種明しをするためには、ユダヤ民族の発祥から今日までの歴史を究明しなければならない。

一つにはユダヤ教とユダヤ文化が、学ぶことに至上の価値をおいている点である（といっても、ユダヤ教がユダヤ文化であり、ユダヤ文化がユダヤ教なのである）。もう一つには、ユダヤ人が長い歴史を通じてあらゆる迫害に耐え抜き、生き抜いてきたことである。そして、私はここで三つ目の理由をあげよう。それはユダヤ人がきわめて現実的ということだ。

私はあるとき、日本人学生と話していた。

「え？　『旧約聖書』ですって？」

この若者はこう聞き返して目を丸くした。このくらいのことで驚くのだから、世界はユダヤ人のことを知らないのだ。彼はユダヤ人が、数千年も前に書かれた『旧約聖書』を、二、三日前にでも出版された本のように生活の一部として暮らしているのに驚いたのだった。彼にとって『旧約聖書』は、何かカビ臭い本としか映らなかったようである。ユダヤ教は、『旧約聖書』に基づいている。そしてユダヤ人にとって『旧約聖書』は、毎朝、インクがまだ乾かないうちに届けられてくる新聞ほどに新鮮なものなのである。

私はここで便宜的に『旧約聖書』と呼んでいるが、これはキリスト教徒の呼び名であって、ユダヤ人はキリストを神の子と認めていないので、ユダヤ人にとって『聖書』は一つしかない。『旧約聖書』が、ユダヤ人にとって『聖書』なのだ。

『聖書』――ヘブライ語では『トラ』（教え）と呼ばれる――は、ユダヤ人の歴史書でもある。このなかに、ユダヤ民族がいかにして発祥し、世界の民族がみな太陽や、月や、山や、獣を神々として多神教を信じていたときに、神は一つしかないという一神教にどうして目覚めたか、その神がユダヤ人を〝選ばれた民族〟として選び、何を教えたか、ということが述べられている。

ユダヤ人は、今日まで『聖書』の教えを固く守ってきた。ユダヤ人は紀元前二〇世紀ごろ、現在のイスラエルのある土地に移住してきた遊牧民であった。『聖書』に最初のユダヤ人として登場する人物、アブラハムは、このころに生きていたと考えられている。

ユダヤ人はイスラエルの地に定着した後にも、エジプトに奴隷として連れ去られたり、バビロニアへ拉致され、また、この間にユダヤ人の王国が興っては崩壊した。最後にイスラエルは、紀元七〇年にローマによって征服された。このときからユダヤ人は祖国を追放され、世界中に離散した。そして、一八〇〇年以上も続いたディアスポラ（離散）の歴史に入るのである。ディアスポラは、ユダヤ人が世界に散ったことを意味する言葉であり、もとはギリシャ語で〝あまねく散る〟という意味である。

ユダヤ人がいかに世界中に散っていったかということは、今からおよそ一四〇〇年前、日本で聖徳太子が『十七条憲法』をつくったころに、中国大陸にいくつかユダヤ人社会が成立していたことからもわかるだろう。

一六〇五年にイエズス会の宣教師であるマテオ・リッチが、河南省開封《かいほう》にユダヤ人社会が存在していることを発見した。開封のユダヤ人社会は雑婚により、人種的にも、生活習慣的にも、かなり中国化していたが、まだシナゴーグ（祈祷所《きとうしょ》）を持ち、ユダヤ教の戒律を守って生きていた。

イスラエルから追放されたユダヤ人の多くは、ヨーロッパに行った。中近東に残ったユダヤ人は、アラブ人やトルコ人によって二級の市民として扱われたものの、それほど苛酷《かこく》な迫害は受けなかった。しかしこの流浪の歴史の間、ヨーロッパではユダヤ人はキリスト教徒の手によって執拗《しつよう》なはげしい迫害にさらされた。ユダヤ人はユダヤ教を捨ててキリスト教に改宗さえすれば、キリスト教社会のなかに吸収されて、迫害されることはなかった。たとえば学者のなかには、クリストファ・コロンブスは改宗したユダヤ人であったという説を唱える者が多い。このように改宗したユダヤ人も多かった。しかし、ほとんどのユダヤ人は少数民族として異郷に住み、いかに迫害されようとも、ユダヤ教を捨てなかった。というのは、ユダヤ人は、ユダヤ教が絶対の真理であることを確信していたからである。

離散しながら一八〇〇年以上も同化せずに、ユダヤ人の独自性を守ってきたというのは驚くべきことである。世界にまったく類例がない。これはユダヤ人が『聖書』を今日的なものとして、その教えを精神と生活の支柱として固く守ってきたからである。だから、ユダヤ人にとって『聖書』はけっして古い本ではないのだ。

学びの民族、ユダヤ人

ユダヤ人がイスラエルから追放されると、ゲットーとして知られるユダヤ人街や、ユダヤ人社会が、スペインからロシア、トルコ、中国まで、世界中に誕生した。一つの民族が滅びるというのは、ふつう国土を失うことを言う。しかし、もっと正確に言えば、自らの宗教や文化を捨てて、強者に同化することである。ユダヤ人は、国土を失っても、民族は滅びないことを示した。

一八〇〇年以上もの長い間、ユダヤ人は自らを守るための剣も槍も持っていなかった。たまに襲撃からユダヤ人街を守るために高い壁を築いたりはしたが、国がなかったから守るべき土地はなく、軍隊も持っていなかった。

そこでユダヤ人が自らの文化を守るために使った武器は、学ぶことであった。『聖書』を学ぶことによってユダヤ人となり、子どもたちに『聖書』を学ばせることによって、ユダヤ人であることを伝えた。

ヨーロッパでは中世から「教育のないユダヤ人を見つけることはできない。ユダヤ人以外に育てられたユダヤ人のほかには」という言葉ができたほどである。

しかし、これはユダヤ人がイスラエルを追放されてから、ユダヤ人であることを守るために始まったことではなかった。ユダヤの社会では、もともと学問がもっとも崇高なものとされ、ラビ（ユダヤ教の僧侶）が社会でもっとも尊敬される地位を占めていた。ユダヤの子どものお伽噺《とぎばなし》にでてくる英雄は、勇士でも、王子でもない。賢人だ。ユダヤ人にとっては、『聖書』を学ぶことが神を称《たた》えることであった。そこで、ユダヤ人の男子は、古代から一三歳のバー・ミツバ（成年式）になると、『聖書』や祈祷書が読めなければならなかったので、ユダヤ人は字が読めたのである。

ユダヤ人は先に述べたように、地上ではじめて民主主義を実現した民族である。イスラエルに行ってみればわかるが、徹底した平等主義の社会である。古代ユダヤ社会から、この平等主義は存在していた。そこで、平等に全員が教育を受けたのである。

さて、敬虔《けいけん》であるほど『聖書』を研究しなければならなかったので、学ぶことと生活は一つになった。ユダヤ人は『聖書』のほかにも多くの本を生んだが、聖典である『タルムード』はこの典型的なものである。

『タルムード』は〝偉大な研究〟という意味である。これは二五〇万字からなるユダヤ民族五〇〇〇年にわたる生活規範の厖大《ぼうだい》な集大成であり、数百年かかって編集されたものである。『聖書』をめぐる延べ数万人のラビの討論が収録され、ユダヤ人の思考の方法をよく示している。ユダヤ人は、一つ一つの問題をあらゆる視点や角度から見るのだ。

たとえばユダヤ人は、一人の人間の生命をきわめて大切にする。『タルムード』を開けば、『聖書』でアダムが最初、どうしてたった一人だったかの討論が行われている。答えは、「はじめアダムがただ一人の人間であったのは、一人の人間を殺すことが、全人類を終わらせることと同じだ、ということを教えているからである」というのだ。アダム以後も、一人の者にとっては、彼の世界はたった一つしかない。彼を滅ぼすことは、一つの世界を滅ぼすことになるというのである。

ここで、長い神学的な論争を紹介するのはやめよう。私でも昔のユダヤ人の忍耐力に辟《へき》易《えき》するような長い論争が多くある。しかし、同時に『タルムード』には簡単な知恵が多く盛られている。

「人間は口が一つなのに、耳は二つある。どうしてだろうか？」

とラビが聞く。もう一人が答える。

「話す倍、聞かなければならないからだ」

「人間の目は、白い部分と黒い部分からなっている。それなのにどうして黒い部分から見るのだろうか？」

「それは、世界を暗い面から見たほうが良いからだ。神が人間が明るい面から見てあまり楽観的にならないように戒めているのだ」

敬虔なユダヤ人の男子は、今日でもキパという小さな丸い帽子をかぶる。シナゴーグに入って祈るときには、誰でも必ずかぶらなければならない。外国人の観光客もかぶる。

「どうしてキパをかぶるのか？」

との問いに『タルムード』は答える。

「人間に自分より高いものがあることを、いつも思い出させるためだ」と。

〝ヘブライ〟という言葉は、ヘブライ語で〝もう一方に立つ〟とか、〝相対する〟とかいう意味である。要するにユダヤ人は、つねにもう一つの見方を探す。このような訓練によってつくられた知的好奇心に満ちている民族なのである。この知的な好奇心は、何千年の学びの伝統によって育てられたのだ。〝三日、『タルムード』にふれない者はユダヤ人ではない〟ということわざがある。

イスラエルには、多くの敬虔なユダヤ教徒がいる。ユダヤ人は宗教によって毎日『聖書』を勉強することを義務づけられているし、アメリカにもこのような敬虔なユダヤ人は多い。もっとも、私自身について言えば、もはや戒律を守ってはいない。しかし、ユダヤ人は戒律を守らないからといって、ユダヤ人の伝統を失ったわけではない。幼いころから学ぶことは、ユダヤ人の民族的な伝統なのである。学ぶこと、教育こそは、ユダヤ人にとって何よりも重要なのである。ユダヤ教がユダヤ人をつくるので、ユダヤ人は学ばないとユダヤ人になれないのだ。

第2章
成功の法則

毎日、今日があなたの〝最後の日〟だと思え。毎日、今日があなたの〝最初の日〟だと思え。

この言葉は、『タルムード』に出てくる。そして、さらにこう教えている。

人間は六〇年、七〇年、八〇年、九〇年生きるという。しかし、一〇〇年生きるからといっても、一度に一〇〇年生きるわけではない。

人間は一日一日を生きているのだ。一時間一時間、一分一分を生きているのだ。

つまり、一日一日が全人生であり、さらには一分、一秒が全人生なのだ。

今日が最後の日だと思ったら、人間はその日をもっとも充実した実り豊かな一日にしようと努めるだろう。

そして、最初の日であると思ったら、体に力をみなぎらせて、新鮮な一日を送ろうとするだろう。

あなたが生きているのは、いまの一瞬でしかない。一瞬一瞬に生きているのである。

“〇から一へ”の距離は、“一から一〇〇〇へ”の距離より大きい。

一〇〇〇を熱心に求めるあまり、一を軽んじ、結局は〇《ゼロ》しか得られない者がいる。一〇〇〇が欲しかったら、一を大切にしなければならない。一攫千金《いっかくせんきん》を狙ってはならない。

一をつくるには、忍耐力が必要である。

〇から一をつくり、大切にすることを覚えれば、案外、一〇〇〇をつくることは、やさしいのである。

偉大な商人を見れば、みな〇から一をつくることの大切さを知っている。〇から一をつくるほうが、一から一〇〇〇を生みだすよりも難しいことを知っている者のみが、一〇〇〇、一万、一〇万、一〇〇万をつくることができるのだ。

倹約、倹約、倹約……。

道順を〝一〇回〟聞いたほうが、〝一回〟道に迷うよりも良い。

このことわざは、人生の基本を教えているものである。

ユダヤ人は〝律法の民族〟と呼ばれるが、律法とは、誰でも納得できる人生の基本的ルールである。しかし、人間は基本を軽んじやすい。

歩きかた、走りかた、食べかた、座りかたから生きかたまで、どうしたらもっとも良いかということは、案外、昔から変わらないものなのである。

一度起こったことと同じことは、二度と起こらないと、しばしばいわれる。しかし、長い人類の歴史のなかで、結局は同じことが形を変えて起こっているだけのことなのだ。古い教えを守るということは、数千年にわたる人間の振る舞いを統計にとって、この場合はこうしたほうが良い、という教えを守ったほうが賢明であるということなのである。

いくらアメリカの優秀な市場調査会社でも、世論調査機関でも、過去数千年間にさかのぼって、人びとに面接して、統計をまとめることはできない。しかし、ユダヤの律法や、教えというものは、そのようなものである。

基本がいかに大切かという話が、『タルムード』に載っている。

ある村に、りこうな男がいた。彼はもしニワトリが卵を抱いて孵《かえ》すなら、同じような温かさをつくりだせば、いくらでも雛《ひな》をつくり、ニワトリを売って金持ちになれると思った。ようやく研究ができあがり、彼はその装置に買ってきた生みたての卵を入れようとした。しかし、うっかりして卵の箱を落としてしまった。卵は落としてはならない、という基本を忘れてしまったのである。〈牛がいくら乳を出しても、そのあとで、乳の入ったバケツをけったら何の役にも立たない〉ということわざもある。

高度な知性によって行われることでも、つねに基本を忘れてはならないのである。


一度に〝海〟をつくろうと思ってはならない。

まず、〝小川〟からつくらねばならない。


海を一度につくれるのは、神だけである。

もし、人が海をつくろうとしたら、まず小さな川をつくらねばならない。というのは、人は海を一度につくることができないからである。川は支流を持ち、多くの支流が大きな川をつくる。そして、豊かに水をたたえた海が生まれる。

小さな川だといって、馬鹿にし、軽んずる者は、海をつくることができない。

ここでは、成功するためには、どうしても勤勉と忍耐が必要であることが説かれている。そして、倹約することがどうしても必要なのだ。

たしかに世界には、ごくたまに幸運に恵まれて、一度に海をつくった者もいる。しかし、このような幸運を願うことは許されても、あてにするのは、自動車に轢《ひ》かれたり、航空事故にあうことが避けられないと思って恐れるあまり、首を吊《つ》るのと変わりがない。

第一、自動車事故や航空事故のほうが、幸運に恵まれるより、はるかに確率が高いのである。

幸運に〝頼っている〟だけではいけない。
幸運に〝協力〟しなければならない。

幸運――世界を放浪したユダヤ人ほど、幸運を求めた人びとはいないだろう。

一つの土地に長く定住し、確固とした社会を形成している人たちは、さほど幸運を必要としない。しかし、圧迫され、差別され、貧しいゆえに定職を持なかったユダヤ人は、幸運に憧れた。

しかし、幸運はやってきても蝶《ちょう》のようなものである。美しい、珍しい蝶が近くにやってきたとしても、それだけでは何も手に入らない。自分で捕らえなければならないのだ。

つまり、幸運を自分のものとするのには、やはり努力が必要なのである。第一、幸運がやってくるのを見極めるにも、訓練がいる。感覚を研ぎすませていなければならない。

ただ、幸運を待っていてはならない。幸運は万人のもとに訪れるが、自ら手中には入ってこない。すぐ近くを通り過ぎてゆくのだ。

ヨーロッパの貧しいユダヤ人街の住人たちは、幸運をどうして捕らえたらよいか、腐心した。

このようなことわざもある。

〈勘が悪いのに、幸運を捕らえようとするのは、穴のあいた網で魚を捕らえようとするようなものだ〉

不運な者が高いところから落ちて〝背中を打つ〟と、〝鼻を折る〟。

背中を打ったのに鼻を折るということは、本来ならあり得ないことだ。そんなことがあれば、ピカソの絵のような図になってしまう。が、ユダヤの世界には、何をやっても運が悪い〝シュレミール〟と呼ばれる男がいる。シュレミールは、チャップリンの映画に出てくる男のように、何をやっても間違ってしまう。たとえば彼がパンを落とすと、必ずバターかジャムのついた面が、床についてしまうし、また、シュレミールが傘を持って出れば、一日カンカン照りだし、ろうそくを売り始めると、その日から太陽が沈むことがない、といわれる。

このような不運な人間がいると思えば、自分を慰めることができる。おれって、何て運の良いやつなんだろうか！

ともかく、このことわざは、運が悪いときは、人間はほんとうに運が悪く、何ごともうまくいかないということを教えている。

ユダヤ人は、長い間、ヨーロッパで貧しく、迫害された生活をしていたので、ユダヤ人街はシュレミールであふれていた。そこで、ユダヤの物語には、シュレミールの話がきわめて多い。

〈ユダヤ人は不運である。おできができたときには薬がなく、せっかく薬があるときにはおできができない〉〈シュレミールは必ず熱いスープをこぼしてしまう。もう一人のシュレミールのえりのなかに〉

奇跡を〝願って〟も良い。しかし、奇跡に〝頼って〟はならない。

これも、『タルムード』に出てくる教えである。

「ラビが願ったことを神が行ったら、奇跡だとよくいわれるが、神が願ったことをラビが行ったら、ほんとうの奇跡だ」

というジョークがあるが、ラビをからかったようなことわざは、ユダヤには多い。きっと峻厳《しゅんげん》な顔をしているのに、かげで悪いことをしていたラビが多かったのだろう。

といっても、ユダヤ人は合理的であるから、奇跡を信じてはいない。

それでも、奇跡のような幸運を求めて祈るのは、人類共通のことであろう。

別のことわざに、〈幸運を願っても良い。しかし、幸運に頼ってはならない〉というのがある。このほうが、現代的であるかもしれない。

善行の〝最大の報酬〟は、何か?〝もう一つ善行ができること〟である。

悪を恐れている者でも、一度悪を犯してしまうと、二回目に悪を犯すのは容易である。あとは簡単に悪のとりこになって、悪の道へ入ってしまうといわれる。

人間は適応性が高いのだ。

しばらく会わなかった者が、まったく変わってしまっていることがある。

「へえ、きみがねえ」

「あの人が、まさか」

「ずいぶんと変わったねえ」

といった会話は、日常生活でしばしば聞かれるだろう。

そして、人びとは悪に対する恐れをもっているのと同じように、善に対しても恐れを抱いている。

善行は、難しいのではないか。私とは無縁なのではないか。私のような者ができるだろうか――。人びとは、そう考えて、尻込みする。

しかし、善も一つ行ってしまえば簡単なことなのである。そして、二つ目の善を行うことはもっと容易なのだ。

これから試してみたらどうだろうか?

〝善行〟よりも〝悪事〟のほうが、速く広まる。

『タルムード』には、こういう話が載っている。

あるとき、ラビは、弟子からこういう質問を受けた。

「神に敬虔《けいけん》な者が、神に祈り、正しい行いをするように、まわりの人に強く誘いかけないのはどうしてですか?」

ラビは聞き返した。

「しかし、私たちはいつも良いことを行うように、正しく生きるように、人びとにすすめているではありませんか」

「しかし、悪者が人びとを悪事に誘うほうがずっと強い力を持っていますし、また、人を悪いことに誘い入れて仲間を増やそうとするときに、私たちよりももっと熱心にやっています」

と、弟子は言った。そこで、ラビは答えた。

「正しいことを行っている者は、一人で歩むことを怖れない。しかし、悪いことをしている者は、一人で歩むことを怖れるからです」

目には〝目〟、
歯には〝歯〟。

これは、『聖書』の言葉である。

あるユダヤ人が、同じユダヤ人を騙《だま》し、仮に一万ポンドを詐取したとしてみよう。今日でも、ユダヤ人は裁判所に行くよりは、二人でラビのところへ行く（あるいは、加害者がラビによって、呼び出される）。ラビは自分が受け持っている地域社会の裁判官を兼ねているのだ。ラビは、当然、一万ポンドを返すように命じる。もし一万ポンドがなかった場合は、〈目には目、歯には歯〉のルールにしたがって一万ポンドに相当するものを返すように命じるのだ。

ここでは、いったん返されたら、加害者の罪は完全に消えてしまう。精神的にも、彼は白いリネンのシーツのように完全に純白に戻る。彼はもとの人間に戻り、もう誰も彼を憎まない。

返しさえすれば、罪は消える。これは、ユダヤの正義の観念である。

しかし、〈目には目、歯には歯〉という言葉は、多くの外国人によって残酷なルールとして誤って解釈されている。ところが、けっしてそうではない。実際には、もし相手の自動車のヘッドライトを一個壊したら、それに相当するもので返せ、という律法を説明しているのだ。安いバイクのヘッドライトしか壊されていないのに、ロールスロイスを丸ごと一台要求してはならないということである。

古代では、理髪師が間違って耳を切り落としたら、客が理髪師の腕一本を要求したり、畑のオリーブの木を一本伐《き》られたら、相手の全財産を奪おうとすることが多かったので、補償が妥当であるべきことを説いた言葉なのである。

これは、復讐《ふくしゅう》をすすめる言葉ではなく、血迷って復讐することを戒める言葉なのだ。

人は金銭を時間よりも大切にするが、〝失われた時間〟は金銭では買えない。

一生の間、人間が使えるもっとも貴重なものは、金銭ではない。時間である。というのは、『タルムード』は、人間は無限に金銭や富を手に入れることができるが、一生の時間は限られている、と教えているからである。

『タルムード』は、「限られているものは何か?」と尋ねている。それは、人の生命であり、時間である。金銭よりは、時間のほうが大切なのだ。それなのに、人びとは金銭を使うときには慎重であっても、時間を浪費することについては、さして気にとめない。

そして、人間は他人のお金を預って使うことになれば、緊張して、細かい神経を配る。他人に金銭的な負担をかけることには、神経をとがらすものである。そのくせ、約束の時間に遅れたり、また、つまらない用件や長居で他人の時間を潰したり、浪費することには、あまりかまわないものだ。

これは、人びとが時間よりもお金を大切にしていることを示している。

時間も、お金も、両方とも重要なものである。しかし、二つのなかでは、時間のほうが大切であることを忘れてはならない。

時間の金持ち、時間の貧乏人という観念があっても良いだろう。金銭的な貧乏人にも、時間の貧乏人にもなりたくないものである。お金で時間を買うことはできないが、時間でお金を買うことはできるのだ。

悪人は〝雪〟に似ている。はじめて会ったときは、純白で、美しく見えるが、じきに〝泥とぬかるみ〟になる。

悪人は、人の前ではじめは美しい世界を描きだす。それは、見渡すかぎり白銀の雪に覆われた光景に似ている。

しかし、現実という太陽が照ると、雪は溶け、一面、泥沼の醜い世界が広がるようになる。悪人が美しい世界をあなたの前につくりだしても、騙されてはならない。明日、目を覚ますと、泥沼の世界になっているかもしれないから。

古代に生きたラビ・リチナーは、こういっている。

「私は、自分のことを雪のように純白だ、という者を好まない。雪はすぐに溶けて、泥とぬかるみに変わってしまうからだ」

〝庭〟を見れば、〝庭師〟がわかる。

人間はみな、一生涯費やして庭をつくる庭師のようなものである。

庭には、樹木や灌木《かんぼく》が茂り、四季の花を咲かせる花壇がある。池や小川をつくることもできる。そして、つねに芝生や植木といったものを手入れしていなければならないのだ。

口で自分の業績を誇ったり、自分を有能に、また偉く見せようとすることはやさしい。

しかし、人間の価値を証明するものは、実績しかない。庭は実績である。つくりかけの庭であっても、一見すれば、信頼できる庭師であるかどうかがわかるものである。

〝偉大な学者〟だといっても商人にはなれず、〝偉大な商人〟だといっても学者にはなれない。

これは、一つのことに優れているからといって、ほかのことに優れているとはいえないという意味である。

たとえば『タルムード』を究めた、もっとも賢いといわれるラビでも、鍵をしまい忘れることがある。そして世界中の富をほとんど一人で握っているような大商人でも、学問のことになるとまったく駄目な場合もある。

このように人間にはみな限度がある。一つのことを究めたからといって、ほかのこともできるとは限らない。一つの専門に優れているからといって、その専門外の意見を聞いた場合には、まったくの素人《しろうと》とであることが多い。

そこで、自分が一つのことに長《た》けているとしても、自信を持ちすぎてはならないという戒めなのである。

どのように長く立派な〝鎖〟でも、一つの〝輪〟が壊れれば役に立たない。

これはユダヤ人にとって、もっとも重要なことわざの一つである。

ユダヤ人は、『聖書』の教えを数千年もの間、ずっと守ってきた。したがって、今日でも数千年前と同じユダヤ人でいられるのである。ということは、一つ一つの世代が鎖になってつながっている。もしユダヤ人がユダヤ人であることをやめたとすれば、この鎖がどのように立派なものであっても、もはや鎖として役に立たなくなってしまう。

もう一つの意味は、ユダヤ人はすべて一つの家族であり、全世界に散っていても、ユダヤ人の大家族として団結している。そして、これもユダヤ人の大きな立派な鎖であると考えられている。ところが、もし一人のユダヤ人がユダヤ人であることをやめ、この輪が壊れてしまえば、もはやユダヤの大家族は成り立たない。

そこでユダヤ人は、子どものころから、このことわざを教えられて育っていく。

人は自分の町では〝評判〟によって判断され、よその町では〝衣服〟によって判断される。

これは『タルムード』に出てくる話である。

ある日、ラビ・ヒヤ・バー・アバが、ラビ・アシにたずねた。

「どうしてバビロニアの学者は、あんなに豪華な衣服をまとっているのでしょうか？」

ラビ・アシは答えた。

「それは彼らが大した学者ではないからだ。彼らは、せめて立派な衣服で人を威圧しようとしているのだ」

すると、近くにいたラビ・ヨハナンが、それを聞いて言った。

「あなたがたは間違っている。彼らがあれほど良い身なりをしているのは、彼らがよその国からきた移民だからだ。町では評判によって人ははかられるが、外に出ると、衣服によってはかられるものだ」

〝酒〟が入ると、〝秘密〟が出ていく。

『タルムード』には、このような話が出ている。

ノアがブドウの木を植えようとしていたときに、サタンがやってきて、「何を植えているのですか？」と聞いた。ノアは、「ブドウの木です」と答えた。サタンはかさねて、「ブドウってどんな木ですか？」と尋ねた。ノアは、「ブドウは果物で、たいへんに甘く、また適当な酸味を持っています。そしてこれを発酵させると、人間の心を喜ばせる酒というものができます」と言った。すると、サタンは、「そんなに良いものなら、私も手伝いましょう」と言ったので、ノアはサタンに感謝した。

サタンは、羊、ライオン、豚、猿をつれてきてこれを殺し、その血を畑に流して肥料とした。そのために、ノアが酒を飲むと、まず羊のように弱くなり、もう少し飲むとライオンのように強くなり、もっと飲むと、豚のように汚くなり、さらに飲むと、猿のように騒ぎまわった。

神によってもっとも正しい人と呼ばれているノアでさえ、こういう状態になったのだから、もしふつうの人間が飲んだら、どんなことになるか、わかるだろう。

食事は〝自分の好み〟に合わせ、服装は〝社会の好み〟に合わせよ。

誰にとっても〝人並み〟の生活を送りたい、という願望は強い。

ここでは、少なくとも平均的な水準にある生活を送りたいという願いと、他人と同じような生活をしたほうが良いという本能的な打算がある。そこで、人びとは同じような家や、家具、家電製品や、自動車を持つことになる。

自分だけが変わったことをすると、社会から疑わしい目をもって眺められ、排斥されることになる。そこで、自分を守るためには、できるだけ他人と同じことをしたほうが良いのだ。変人、奇人というレッテルを貼られては、浮きあがってしまう。

そこで、何々〝らしさ〟とか、まともさといったものは徳目として強調されるが、実際には自己保全のための処世術なのである。といっても、個性は、服装や髪型といった末《まっ》梢《しょう》的な、つまらない、表面的なものにあらわして満足するべきものではない。かえって、個性がない人ほど、そのような安易な方法で個性的であるように装いたがるものだ。奇異な服装や、外見のために人びとから警戒されたり、差別されることに対して神経を使うよりも、もっと大切なことに自分の個性を向け、活かすべきである。

しかし、どういうわけか、人間は食事の好みの差異については、寛容である。

どれほど〝高価な時計〟でも、刻む一時間の長さは同じだし、どれほど〝偉い人〟でも一時間は変わらない。

民主主義は、世界で最初にユダヤ人がつくったものである。

ユダヤ人は一般にインフォーマルな服装を好む。イスラエルでは、上着にネクタイを締めている者は、政府高官でも少ない。

イスラエルのモシェ・ダヤンは、六日間戦争（一九六七年に六日間で周辺のアラブ諸国軍を撃破した）の英雄であり、国防相であった。その彼が毎朝自宅を出て、国防省の迎えの車に乗ると、若い兵卒の運転手が敬語を使うことなしに言う。

「モシェ、今朝はどこに行く？」

ユダヤ人は堅苦しいことを嫌う。だから、しばしば礼儀を知らない、といわれる。しかし、ユダヤ人は人間はみな、同じほどにしか偉くない、と思っているのだ。

これは古代イスラエルからの伝統である。そのうえ、外界から隔離されたユダヤ人街では、解放されるまで、一蓮托生《いちれんたくしょう》で、領主も地主も育たなかったからかもしれない。

鍵は〝正直者のため〟だけにある。

家を留守にするとき、扉に鍵をかけるのは、なぜだろうか？　これは正直者がなかに入らないようにするためである。

というのは、悪人が、もしその家のなかに入って物を盗もうとすれば、鍵がかかっていようが、いなかろうが、どっちみち入ってしまうのだ。しかし、正直者でも、もしドアが開いていたら誘惑されて入ってしまうかもしれない。

だから、私たちが家を留守にするとき、あるいは車を降りるときに鍵をかけるのは、正直者に悪いことをさせないためである。

われわれは、人を誘惑してはならない。誘惑しないためには、いろいろな鍵をかける必要がある。

〝退屈な男〟が部屋を出てゆくと、誰かが入ってきたような気がする。

退屈な男とは、どのような者をいうのだろうか？

古代のラビたちは、けっして話し合った。そして、どのような結論が出ただろうか？

退屈な男とは、教養がないとか、学問を究めていないとか、どれだけ博識だとかいうこととは関係がない。学識豊かな人間でも、ひどく退屈であり得る。

人を退屈させる男とは、他人の関心をひかない人間をいうのである。そこで、ラビたちは退屈な男を〝他人がどう感じているか無視し、他人の気持を察しようとしないので、人びとに合わせることができない者〟と定義した。

アインシュタインのような大学者でも、もし他人の気持ちを察しようとしなければ、退屈な人間になり得る。彼が物理学について何一つ知らない農民に会って、相対性理論について、一方的に数時間話したとしよう。彼が出ていったときに、農民は誰かが入ってきたような気持ちがすることだろう。

このことわざは、〈良い客はやってきてからすぐに家を明るくするが、悪い客は帰ってからすぐに家を明るくする〉ともいわれる。みなさんも、このような経験があるのでは？

カリフラワーに棲《す》む虫は、カリフラワーが〝全世界〟だと思っている。

地球は大きく、世界は広い。いくら成田からニューヨークまでジェット機で一二時間ちょっとで行ける、といってもだ。

それなのに、自分の村や、町や、自分の国だけしか知らない者がいる。こういった者は、自分の小さな世界だけが、全世界だと思いがちである。そこで、自分の小さな世界の習慣やものの見方だけで、判断してしまう。

人は、村とか、国とか、地域だけに閉じこめられてしまうのではない。自分の生いたち、会社、職業、階級といったものに閉じこめられてしまうこともある。

カリフラワーは、いろいろなところにある。そして、人は自らを閉じこめてしまうことによって、自由を失ってしまうのだ。

ユダヤ人は世界に散り、全世界を放浪したために、一つの世界のとりこになることが少ない。とはいっても、この格言があるのだから、やはりユダヤの世界にも、カリフラワーがたくさん存在してきたのだ。

カリフラワーに安住するのも、人生である。出るのには、勇気がいる。案外、安住していたほうが良いのかもしれない。もし、あなたが若くないなら。

人の生まれと死にかたは、本の〝表紙〟と〝裏表紙〟のようなものである。

ユダヤには、つぎのような古い話がある。周囲に名家の二代目か何代目かで、鼻もちならないヤツがいたら、ぜひ応用されるといい。

あるとき、家柄の良い狐《きつね》と、生まれが卑しい狐が道で出会った。いったい生まれの良い狐と、家柄の悪い狐などがいるのだろうか、と訝《いぶか》ってはならない。ほんとうは、血筋の良い人間や、悪い人間だっているはずはないのだから。

とにかく、由緒正しい家の狐の息子は、もう一匹の狐に自分の家柄を自慢した。

すると、もう一匹の狐のほうが答えた。

「きみの家は、きみで終わるが、ぼくの家はぼくから始まる」

人間にとって、生まれと死にかたは、たいして重要ではない。飾りのようなものだ。どうやって生きているか、そして生きたか、その生きかたの内容こそ重要なのである。


あまり座っていると、〝痔に悪い〟。

あまり立っていると、〝心臓に悪い〟。

あまり歩くと、〝目に悪い〟。

だから、三つを適当に組み合わせなければならない。


これも、『タルムード』の言葉である。

三番目は、日本の読者には合点がいかないかもしれない。そもそもイスラエルは砂漠の国なので、あまり長く外を歩いていると、砂が目に入ってしまうのだ。

ユダヤ人の処世術を濃縮すれば、〝何でも適度にすること〟ということになるだろう。

実際、この本を書いていると、これがエッセンスであるように感じられる。

ユダヤ人の力はどこにあるのだろうか？　私は、しばしばこのような質問を受ける。

これに対する答えは、多い。しかし、すべてにバランスのとれた生活を送ることが、力の源泉の一つになっているということは、いえるだろう。一つの秘訣《ひけつ》である。それが、良識というものなのだ。

ユダヤ人が安息日を守ってきたというよりも、安息日がユダヤ人を守ってきた。

これは有名なことわざである。

ユダヤ人は、かたくなに祭日や習慣を守ってきた。世界中に広く離散し、異民族の間に長く住んでいても、ユダヤ人であることを失わなかったのは、ユダヤ人がユダヤ教の掟《おきて》を守り続けてきたからである。

このような習慣がなければ、頭のなかだけでユダヤ人であることを保ち続けるのは、難しかっただろう。

〈ユダヤ人らしく死ぬことは、たいしたことではない。しかし、ユダヤ人として生きることは、たいへんなことだ〉

〈もし世界中の海がインクによって満ちており、世界中のアシがペンであり、そして全世界の人がものを書くことができたとしても、一年間にユダヤ人が受けた迫害を書きつくすことはできないだろう〉（『ミッドラッシュ』）

〈ユダヤ人はオリーブの木にたとえられる。この意味はオリーブの実は、押せば押すほど油を出す。ユダヤ人は圧迫されれば圧迫されるほど大きなものを生み出すからである〉

〈ユダヤ人を迫害する国は、長くは栄えない〉

〈世界がうまくいっていないとき、ユダヤ人は一番はじめにそれを感じ、世界がうまくいったときは、ユダヤ人は最後にそれを感じさせられる〉

〈ユダヤ人はしばしばハトにたとえられる。ほかの鳥は疲れると枝にとまって休むが、ハトは疲れると、片方の羽で飛び、片方の羽に寄りかかって休む〉

〈一つの帝国が興って滅びると、また新しい帝国が興って滅びる。しかしユダヤ人は歴史

を通じて滅びることがない〉

井戸につばを吐く者は、いつかその水を飲まなければならない。

『タルムード』にはこのような話が載っている。

あるときラビが町を歩いていると、自分の庭の石ころを道路に運んで捨てている男を見た。そこでラビは、「あなたはどうしてそんなことをしているのですか？」と尋ねた。しかし、男は笑って何も答えなかった。

一〇年たち、二〇年が過ぎ、この男は自分の土地を売ることになった。さて、人手に渡して、よその町に行こうと歩きだしたとたん、昔、自分が捨てた石につまずいて転んでしまった。

これは自分が行った行為は、忘れていても必ず自分に戻ってくるということを教えている。

同じ戒めに、〈自分が飲むかもしれない井戸に、石を投げるな〉〈矢をつくる者は、矢によって死ぬことが多い〉というのがある。

〝理想主義者〟とは、バラを嗅いでみて、その香りに酔って、キャベツよりもおいしいスープをつくることができると〝早合点〟する者である。

これは、極端や過激を戒める警句である。人生は、すべて中庸……それが良識であり、安全である。無意味な冒険を、してはならない。

というのは、人間の現実の世界や生活は、いろいろな要素から成り立ち、あることだけにかたよってはいない。だから、バラを食べて生きていこうとする理想主義者は、笑われるのである。

若者のなかに理想主義者が多く、老人の間に保守主義者が多いのは、経験の量に比例しているのだ。

ユダヤ人が『タルムード』やユダヤの古典を、かびが生えた古書のようには扱わずに、まるで昨日書かれた書物のような新鮮さをもって読むのは、長い歴史の経験から生みだされた教訓を大切にするからである。

もっとも、人間はキャベツだけでは生きてはいけないのだ。ユダヤ人であったキリストは〈人はパンのみでは生きてゆけない〉と言っている。

成功の〝半分〟は、忍耐だ。

ユダヤ人がこの言葉を読むときは、こう考える。

なるほど、成功するのには忍耐が必要だ。しかし、同時に忍耐だけでは成功しない、と教えているのだ、と。

ユダヤ人は知的には素直ではない。ユダヤ人はつねに好奇心に燃えているので、物事をあらゆる角度から見ようとする。〝ヘブライ〟の意味は、〝もう一方に立つ〟ということである。

ユダヤ人は、よく質問する。

そこで、こういうジョークがあるほどだ。

「ユダヤ人は、どうしてそんなによく質問するのだ?」

「どうして、よく質問してはいけないのだ？」

事実、ユダヤ人に質問すると、質問で返ってくる場合が多い。忍耐強く、たくさん質問しなければ、成功しないのだ。

成功の扉を開けるためには、〝押す〟か〝引く〟かしなければならない。

ビルのドアが自動でない場合、押すとか引くという表示があるが、成功の扉も、ただ前に立っているだけでは、自動的に開いたりしない。

人間が成功の扉を開けるためには、自分で押すなり引くなりしなければならない。

日々の生活に活きるユダヤ金言集①

★一隻の船には、一人の船長しか必要がない。（『タルムード』）
★すでに良い指導者がいたら、指導者になろうと思ってはならない。
しかし、良い指導者がいないところでは、

自信のある者は、指導者になるように努めるべきである。
★世界は二人以上の者によってつくられる。
★犬が二匹集まれば、ライオンを殺すこともできる。
★馬は車を引くのに役に立つ。牛も車を引くのに役に立つ。
しかし、牛と馬を同じ車につけてはならない。
★神が与え給うたものを拒むのは、罪である。（『タルムード』）
★神が絶対に許さない四つの罪がある。
一、同じことについて何回も悔やむこと。
二、同じ罪をくり返すこと。
三、もう一度くり返そうと思って罪を犯すこと。
四、神の名を冒瀆《ぼうとく》すること。
★人生には、つねに良い場所と悪い場所がある。
★無計画にあまり遠くへ出掛けてはならない。戻ってくる道が遠くなるから。
★空腹のときは歌え。傷ついたときは笑え。

★どのような縄でも、ひっぱりすぎては切れてしまう。

★酒、自信、反省、性。適量で度を越さなければ、活力になる。

★高価なグラスは冷たすぎるものを入れても、熱すぎるものを入れても、割れてしまう。

★あまりありすぎると、何かが欠ける。

★法を尊んでも、裁判官を尊ぶな。

★もし事態が良くならなかったら待て――もっと悪くなるはずだ。

★暗くなると、人間は光を欲しがる。

★良いことをしようとすると、はじめはイバラの山道を歩むが、やがて平坦な道に入る。悪いことをしようとすると、はじめは平坦な道であるが、やがてイバラの山道に出る。

★何が善であるかを知っているだけでは、何にもならない。善行をせよ。

★人が死んで神にまみえるとき、持っていけないものがある。

第一にお金であり、そのつぎに友人であり、親戚であり、家族である。
しかし、良い行いは持っていくことができる。
★人間は、三つのものによって支えられる。子どもたち、富、そして善行。
★どのような上り坂にも下り坂がある。
★人間は人が言うよりも低く、人が考えるよりも高い。
★天使でさえ、二つのことを同時にはできない。(『ミッドラッシュ』)
★何も選択しないということは、一つを選んだことになる。
★一オンスの幸運は、一ポンド(一六オンス)の黄金よりも良い。
★幸運に恵まれるために知恵はいらない。
しかし、この幸運を活かすためには、知恵がいる。
★幸運から不運は一歩しか離れていないが、不運から幸運は一〇〇歩も離れている。
★健康ほど大きな宝はない。
★睡眠ほど良い医者はいない。
★胃の三分の一を食べ物で埋め、もう三分の一を飲み物で埋め、三分の一を空《から》にしておきなさい。
胃は頭と違って、無制限に詰め込むことはできないのだから。
★もし一人の人が「あなたはロバだ」と言ってもかまうことはない。
二人が言ったら心配しなさい。
三人がそう言ったら、自分のために鞍《くら》を買いにいきなさい。（『ミッドラッシュ』）
★一人の人が「あなたは酔っぱらっている」と言ったら注意しなさい。
もし二人がそう言ったら、飲む速度を遅くしなさい。
もし三人がそう言ったら、横になりなさい。
★もし酒に酔った者が売ったとすれば、その売った行為は効力を持つ。
もし酒に酔った者が買ったとすれば、その買った行為は効力を持つ。
そして、もし酒に酔った者が殺人を犯したとしても、
その行為は罰せられるべきである。
★ブランデーは悪い使者である。
胃に向けて送るのに、間違って頭のほうに行ってしまう。

★世界に誤った生きかたをしている三通りの人間がいる。
すぐに腹を立てる人間、簡単に人を許す人間、あまりにもがんこな人間。
(『タルムード』)

★人生は、賢人にとっては夢であり、
愚かな者にとってはゲームであり、
金持ちにとっては喜劇であり、
貧乏人にとっては悲劇である。

★賢人とは誰か？　あらゆる人から学べる人。
強い人とは誰か？　感情を抑えられる人。
豊かな人とは誰か？　自分の持っているもので満ち足りている人。
人に愛される人とは誰か？　あらゆる人をほめる人。

第3章

貧乏と金持ち

あなたが持っているものを、それを必要としている人に売るのはビジネスではない。
あなたが〝持っていないもの〟を、それを〝必要としない人に売る〟のがビジネスである。

猟銃を欲しがっている人に、自分が仕入れて持っている猟銃を売るのは、ほんとうのビジネスではない。これは、安易すぎる。誰にだって、できることだ。

ほんとうのビジネスは、あなたが製氷機など、どこにも持っていないのに、製氷機をまったく必要としない人に、それを数台売りつけることである。そして、満足してもらうことだ。

商売の道は、きびしいのである。

ユダヤ人は、中世ヨーロッパで長い間、圧迫され、正業につけなかったので、ユダヤ人街の住人の多くの者は、ブローカーになった。

彼らは、ビジネスのきびしさによって、鍛えられた。ユダヤ人街には、ないものをすすめて売ったうえで、あわててそのものをさがす滑稽《こっけい》な話が多い。多くの有能なビジネスマンは、このようにして育っていったのである。

金銭は無慈悲な主人だが、〝有能な召使い〟にもなる。

他の民族が国家をつくって、歴史をつくっている間、ユダヤ人は、かげでずっと迫害を受けていた。ユダヤ人はユダヤ人街に押し込められ、法律によって土地を所有することも、製造業につくことも許されなかった。また、住んでいる土地からいつ追放されるかしれなかった。

自分の国を持っている民族なら、住んでいる土地にある石や、木や、小川を自分に身近なものとして感じることができるだろう。しかし、今日でもユダヤ人には、そう思えない。長い、悲しい歴史があるのだ。

そこで、何が頼りに、何が拠《よ》りどころになるのだろうか? それは、金銭である。

それに、もともとユダヤ人はキリスト教徒のように、金銭を蔑視したり、罪深いものであるとは、考えなかった。金銭は、使いかたによって、良くも、悪くもなる。お金自体には、責任はない。むしろ、〈金銭は、機会を提供する〉ものだと考えているのである。

金銭は、〝機会〟を提供する。

ユダヤ人は、金銭を良いものだとは言わないし、悪いものだとも言わない。お金があったほうが、人生でいろいろなことができる機会が増えるというのである。

たとえば名前。ヨーロッパのユダヤ人が名前――姓を持つようになったのは、かなり最近のことだ。それまでは、イスラエル初代首相のデビッド・ベン・グリオン（グリオンの息子のデビッド）のように、誰の息子の何某《なにがし》といった名前や、カンター（歌手）、シュピーグル（鏡屋）、ワルシャフスキー（ワルシャワ）、クライン（背の低い人）といったように、職業、居住地、外見上の特徴などが名前代わりになっていた。

しかし、一八世紀以後になると、オーストリアのヨセフ二世、フランスのナポレオン一世、プロシア政府と相ついで、ユダヤ人登録簿をつくるためにユダヤ人に姓を持つことを強制した。といっても、誰でも好きな名前を名乗れたわけではない。各国政府はユダヤ人から収奪するために、名前を売った。良い名前は高く、悪い名前は安く。

高価な名前には、花や貴金属名がついた。ローゼンタール（バラ）、アイゼンバーグ（鉄）。動物名からとったウォルフソン（狼）などは安かった。払えない者には、お仕着せの名前――フレッサー（脂肪）、ヒンターゲシッツ（尻）――が与えられたが、今日では改名してこのような名は見当たらない。

もっとも、あらゆる国で名前までお金で決められたわけではないが、お金はより多くの機会を提供することは確かである。

ふくれた財布が〝すばらしい〟とはいえない。しかし、空の財布は〝悪い〟のだ。

〈空《から》なのに、世界でもっとも重いものは何か。空の財布である〉〈物がいっぱい詰まった袋は重い。しかし、空の袋のほうが、もっと重い〉といったことわざもある。

ユダヤにはお金についてのことわざや格言は、私が知っているだけでも、あまりにも多い。お金は、人生の重大事なのだ。

金、かね、カネ。私たちは、お金なしでは生きてはゆけない。

金、かね、カネ。〈『聖書』は光を投げかけ、お金は暖かさを投げかける〉

こういうのは、どうだろうか？〈世界には、三つの重大事がある。金、金、金〉

お金は重要だ。〈金はどんな汚れでも落とす石鹸《せっけん》だ〉

お金は力強い。〈金貨が鳴れば、悪口がしずまる〉

お金は軽い。〈重い財布を重く思う者はいない〉

『タルムード』は、こう言っている。〈体は心に依存し、心は財布に依存している〉

ユダヤ人は心が弾むときには、「アイ、イ、イ」と叫ぶ。喘ぐときは、「オイ、オイ、オイ」だ。金を持っているからといって、いつもアイ、イ、イであるとは限らない。しかし、金がなければいつもオイ、オイ、オイだ。

とにかく、お金はすばらしいものだ。道学者ぶって、お金が汚いとか、人間を堕落させるというのはやめよう。お金よりも人間のほうがはるかに上にいる。お金によって堕落するほど、弱い人間がいてよいだろうか？

金銭は呪いでも、悪でもない。〝人間を祝福する〟ものだ。

富豪と賢人と、どちらのほうが偉いだろうか？　と、あるラビの弟子たちが考えた。

そこで弟子たちは、ラビに尋ねた。

「もちろん、賢人だ」

ラビは一言のもとに答えた。

「しかし、ラビよ。それなら、どうして大金持ちの家には、学者や賢人が出入りするのに、賢人の家には富豪がかしずいていないのでしょうか？」

兄弟子が、聞き返した。

「わが子よ。賢人はかしこいので、富が必要なことを十分に知っている。金持ちはただお金を持っているだけなので、賢人から知恵を学ばなければならないことを知らないのだ」

金持ちをほめる者は、金持ちをほめているのではなく、〝お金をほめている〟のである。

人間が権力を持っている者、また、高い地位についている者を敬うときには、その人間をほめているのではなく、その者が持っている権力や、ついている地位に対して敬意を払っている。

あるとき、二人の男がラビのところに、相談に来た。一人は町の一番の金満家で、もう一人は貧しい男だった。

二人は待合室で待たされたが、金持ちのほうがちょっと早く着いたので、はじめにラビの部屋に通された。そして、一時間すると、部屋から出てきた。

貧しい男が、つぎに入った。すると、五分で終わった。

「ラビよ！　金持ちのときには、あなたは一時間もかけました。それなのに、私は五分です。それで公平でしょうか？」

男は抗議した。

ラビは、すぐに答えた。

「まあまあ、わが子よ。あなたの場合には、貧しいことはすぐにわかった。しかし、金持ちの場合には、心が貧しいことがわかるまで、一時間もかかったのだ」

大金持ちには、子どもはいない。〝相続人〟しかいない。

金銭は、長い間、金や銀でできていたので、元来冷たいものであった。夏、硬貨に触ってみてほしい。ひんやりするはずだ。

しかし、貧しい者は、お金をあまり持っていないので、握りしめて金銭に人間の温かさを伝えた。

金持ちは、蔵や銀行に使わないお金をたくさん貯えておく。人間に滅多に触れられることがないので、お金独自の冷たさを保っている。

つまりお金は、持っている人間が温めたり、あるいは冷たいままにしておくことができる。人間次第なのだ。

金持ちは、お金によって囲まれているので、金銀のもつ冷たさが、自分や家族に移ってしまうことがある。金銀によって、血や心が冷やされてしまうのだ。

だから、大金持ちは子どもがいても、子どもではない。相続人なのである。

財産をたくさん持っていると、
心配ごともそれに応じて増える。
しかし、財産が〝まったくない〟ほうが、心配ごとは〝多い〟。

キリスト教徒は、お金や物質をいやしいものとして遠ざける。

カトリックの神父を見れば、貧者を象徴する黒い服と白いカラーを着ている（もっとも、最近ではカトリック教会のなかでも、世界の価値観の変化にあわせて、結婚する僧侶があらわれたり、白いカラーと黒い服といった服装をせずに背広を着る神父が増えている）。このようにキリスト教では、お金や物を多く持つことを罪悪視しているのに、バチカンの法王庁の蔵からして、ダイヤモンドや、株券でいっぱいだし、われわれと同じように地上における贅沢《ぜいたく》を好んでいる。

しかし、どうしてキリスト教徒は、お金や富を蔑《さげす》むのだろうか？　清貧といったことは、キリスト教世界では、美徳になっている。いかにお金や、セックスや、物質による誘惑をしりぞけるかが、誇りになるのだ。

これは富や快楽を怖れているからだ。というのは、もし、富や快楽とあまり近く接すると、自分が支配されてしまうと思うからである。

しかし、ユダヤ人はつねに過度を戒める律法によって、自分に規律を与えているので、富や快楽をすこしも怖れることをしない。自分を律法によって規律正しく確立していれば、富や快楽を支配することができるのだ。

『タルムード』は、〈海のふちに立つ者は、足をしっかりと踏みしめていれば、波にさらわれることがない。しかし、足がふらついていると波に足をとられる〉と言っている。

しかし、キリスト教が説くお金やセックスへの蔑視のために、十分な資産をつくらなかったり、人生における楽しみを逃した者がどれだけいるのだろうか？　それも、人間が自分に自信を持たないからである。

お金は〝良い人に良いもの〟をもたらし、〝悪い人に悪いもの〟をもたらす。

ユダヤ人はキリスト教徒のように、肉体に特別な高い地位を与えない。キリスト教では、肉体は肉欲の源泉であり、したがって肉体は罪深いとされている。しかし、ユダヤ人は肉体を精神の入れ物であるから大切にしなければならないとは考えても、肉体そのものが罪を犯すことはできない、と思っている。

お金に対するユダヤ人の態度も、同じものである。お金は、それ自体では良いことも、悪いこともできない。それなのにキリスト教徒は、ずっとお金を悪だと考えて、罪深いものであるとしてきた。

このような見方は、ユダヤ人にとっては、人間の自信のなさとしか考えられない。肉体やお金が人間より上にあるとみなして、肉体やお金が人間を支配できると思うからこそ、過度に怖れなければならないのである。

お金は人間に対し、〝衣服が人間にすること〟しかできない。

お金は万能だろうか？　もし、そうであったら、衣服も万能である。お金をいくら持っていても、人間の本質を変えることはできない。いくら高価な美しい衣服で自分を飾っても、衣服がなかの人間まで変えることはできない。人間を変えることができるのは、その人自身だけだから。

とはいっても、お金はあったほうが良い。仕立ての良い高価な衣服を持っていたほうが良いのと、同じ話だ。

物を崇拝してはならない。お金を崇拝する者が滑稽《こっけい》に見えるのは、物を崇拝しているからである。人間は自分が崇拝しているものにできるだけ近づきたいと思い、同時に同化してしまう。だから、物を崇拝する者は、自分も物になってしまう。

人間はお金のために存在しているのではない。ちょうど洋服が人間のために存在するようなものである。逆になれば、人間はハンガーになってしまう。

借金は、〃かゆいところをかく〃ようなものだ。

皮膚病にかかったり、腫《は》れ物ができると、かゆい。しかし、かくだけではなおらない。一時をしのげるが、かえって疾患を悪化させる。かくと、一時的に快感があるかもしれない。その場だけは、ごまかすことができよう。借金はこれに似ているといって、借金をすることに対して戒めた格言である。やはり疾患は、根本からなおさねばならない。

貸すときは〃証人〃を立てよ。与えるときには〃第三者〃がいてはならない。

『タルムード』には、つぎのような話が載っている。

ラビ・アシは、あるとき友人からお金を借りた。友人は、「借用書をつくって、証人を立てて署名してほしい」と要求した。ラビ・アシは驚いて言った。「あなたは私を信用しないのですか。私は律法を長い間研究して、その権威といわれている人間ですよ」すると友人は言った。「だから私は心配しているのです。あなたは律法の勉強ばかりしているので、心が律法で満たされ、借金のことは忘れてしまうからです」

また『タルムード』には、つぎのような話も載っている。

あるラビが町でホームレスにお金をやった。すると、もう一人のラビが言った。「そのように人前でお金をやるのだったら、やらないほうがよかった」

さらに、『タルムード』では、〈誰も見ていないところで人にものを与える者は、モーセよりも偉い〉とも言っている。

どちらかといえば、お金を稼ぐのは、やさしい。〝使いかたが難しい〟のだ。

誰でも、その人なりに、どうすればお金を稼げるかは知っている。しかし、お金の使いかたを知っている者は、何人いるだろうか？

人間はお金の主人であるべきだ、といっても、お金には不思議な魔力がある。たとえば、この世の中でほとんどのものは、使うことによって、値打ちがわかる。それなのに、お金だけは自分でつくってみなければ、値打ちがわからない。

同じようなことわざでは、〈お金を持っていることは、良いことだ。でも使いかたを知っていれば、もっと良い〉というのがある。

でも、誰でもお金はすべてではないことを知っている。そう言わなければ、人間はお金に対して優越感を持てないのだろうか。

〈お金はすべてを買える。良い趣味以外は〉とか、〈お金は、賢人には、美しい女にきれいな服を与えるほどの役にしか立たない〉ともいわれる。

お金を悪者に仕立ててはならない、とユダヤ人は考える。それは、お金に責任をなすりつけるようなものだ。

お金は、善でも、悪でも、万能でもない。善悪の判断は、主人である人間がするのだ。

ユダヤ人は、この本のなかで私がくり返しているが、中庸であること——生活でバランスがとれていることが、人間に大切であると信じている。しかし、なかでも〝お金についてバランスをとること〟は重要である。

多くの人は、お金を稼ぐのが難しいと思っている。が、〈お金を稼ぐのは、やさしい。とっておくことこそ、難しい〉のだ。

日本では、お金を〝お足〟という。

ユダヤのことわざにも、似たような発想がある。〈銀貨は丸い。こちらに転がってくるかと思うと、あっちに転がってゆく〉

私たちは毎日、それを追いかけて暮らしている。しかし、人生には、他に追うべきものも、多いのである。

お金はけっして、すべてを〝良くはしない〟。といっても、お金はすべてを〝腐らせたりはしない〟。

お金は、道具の一つである。だからお金が人生のすべてを明るくしたり、輝かせると思うのも、また、お金が諸悪の根源だと思うのも誤っている。

人間にとって、お金は手段の一つであって、目的ではない。人間らしいということは、お金に支配されず、お金を支配することである。人間は地上では、もっとも力強い。『聖書』の創世記によれば、神は人間が地上を支配し、人間が地上をより良くするために、世界を人間に与えたことになっている。

お金は人間よりも、下に位するものだ。しかし、世の中には、そう思わない者が、あまりにも多い。

また、もう一方では、お金を不必要に蔑む者がいる。これも、誤っている。お金は使いかたが良ければ、良いものになり、使いかたが悪ければ、悪いものになる。ただ、それだけの話だ。

お金は粗末にしても、怖れてもならない。

お金が汚いものだから関心がないといって、淡白を気取り、粗末にする者がいる（もっとも、ユダヤ人にはいないが）。これも、お金に対する怖れでしかない。

石のような心は、〝黄金の槌《つち》〟をもってのみ開くことができる。

これは、お金の力について述べたことわざである。残念ながら、人間社会でお金が持っている力は大きい。

〈お金は、あらゆるドアを開ける〉ともいう。

家のなかに、お金があったら、どうだろうか？

〈家のなかにお金があれば、家のなかに平和がある〉

たしかに金があったほうが、家のなかに平和がある可能性が高く、お金がない家のなかには、不安や、争いがある可能性が高い。

一五六五年に出版された『ユダヤ律令集』は、〝人間は本性として、富を蓄積することを求める〟と述べているが、これはアダム・スミスが『国富論』を書く、ずっと以前のことである。

ユダヤ人は、長いことお金について考えてきた。お金は、人生の最大の問題の一つだから。

ラビが街頭に出て、通行人に説教するよりも、一〇ドル渡したほうが、ずっと喜ばれる。みなお金を重要だと思っているのだ。人間と動物との違いの一つは、お金の心配をすることだ。

貧乏は〝恥〟ではない。しかし〝名誉〟だと思うな。

ユダヤには、キリスト教世界や、また日本のように〝清貧〟という観念はない。われわれユダヤ人は金銭を善とは考えないが、前にも述べたように、〈お金は機会を提供する〉とみなしている。人間はお金によって、多くの可能性を実現することができるのだ。

貧乏は詩のなかでは美しいが、家のなかでは醜い。説教に使われれば——といってもユダヤ人は貧乏を称《たた》えるような説教はしないが——清いもののように響くが、実生活では惨《みじ》めなものである。

お金を称えてはならないが、蔑んでもならない。私たちはキリスト教徒がお金を汚いものだと考えるのは誤っていると考えている。お金は汚いものでも、美しいものでもない。人間の道具の一つなのだ。そして、お金は有用な道具であるから、できるだけ多く持っていたほうが良い。その道具をどのように使うかは、持ち主の知性と知恵によるのだ。

お金がないのを清いと思うのは、危険である。

日々の生活に活きるユダヤ金言集②

★良い収入ほど良い薬はない。

★知識を持ちすぎると人は老けるが、お金を持ちすぎると人は若返る。

★お金は、もしあなたが持っていなければ、たいへん大切に見える。

★人生に必要なものは、衣食住にお金。

★お金を愛するだけでは金持ちになれない。お金があなたを愛さなければならない。

★金持ちになる方法は一つある。
明日やる仕事を今日やり、
今日食べるものを明日食べること。

★冬、薪を買うのに使わなければならないお金を、夏、遊んで使うな。

★貧乏人には敵が少なく、金持ちには友人が少ない。

★お金ですべてのものが買える。が、一つだけ買えないものがある。それは常識である。

★現金はもっとも有能なブローカーだ。

★商人になったらこの言葉を覚えなさい。

「私はあなたを完全に信頼しています。だから現金で払ってください」（『タルムード』）
★節約をしない商人は、毛の生えていない羊のようなものである。
★借金を返す者は、信用を倍にする。
借金を返さない者は、盗みを犯すのと同じである。
★どのような借金でも、入り口が大きく開いて、出口が狭い。
★アヒルを食べて借金取りから逃げ回るよりも、
キャベツを食べて堂々と町を歩いたほうが良い。
★借りるとき笑うな。もし笑えば返すとき泣くだろう。

第4章

幸福と不幸

神は〝朗らかな者を祝福し給う〟。楽観は、自分だけではなく、他人も明るくする。

ユダヤ人は、悲しい目をしている。しかし、底抜けに明るい。悲しさを知っているからこそ、明るさがどれほど貴重なものかがわかり、夜を知っているから、太陽の恵みを楽しむことができるのだ。

〈悲観は狭い道であるが、楽観は広い道である〉

楽観は多くのものを迎え入れることができるが、悲観はものごとを拒んでしまう。

ある町のラビが、「コーヘン（司祭）が毎晩、朝までばくちをしている」という告げ口を聞いた。「そうか」とラビは目を輝かして言った。「それは良いことだ。一度、徹夜をすることができるようになれば、こんどは『聖書』の勉強と神を称えることに、夜を使うことができるに違いない」

楽観は、寛容でもある。楽観には、包容力がある。そこで楽観は、自分にも、善人にも、悪人にも、立ち直る逃げ道を用意するのだ。

ユダヤ人がいかなる苛酷《かこく》な迫害にも屈せずに、今日まで自分を失わなかったのは、楽観するだけの力を持っていたからである。

天と地を笑わせたかったら、孤児を笑わせなさい。〝孤児が笑うと、天と地がいっしょに笑う〟から。

ヘブライ語に、〝フツパ〟という言葉がある。これを、一語で外国語に訳すことは難しい。〝無礼の極み〟とか、〝これ以上、ひとを愚弄《ぐろう》することはない〟といった意味である。

たとえば、説明に、つぎのような例がよく使われる。

少年がいる。両親を殺したので、警察に逮捕され、裁判にかけられる。すると、少年が裁判長に言うのだ。

「裁判長さま！　お慈悲です。私は孤児です！」

もちろん、これはジョークである。

イスラエルのロッド空港（注：現ベン・グリオン国際空港）における乱射事件の犯人・岡本公三が裁判で「星になりたい」と言ったときに、イスラエルでは、〝フツパ〟であると、みなが考えた。

天と地を笑わせたかったら、孤児を笑わせなさい、というのは、けっして〝フッパ〟を行えということではない。どのような暗いところにも、笑いはあるということなのだ。

さて、孤児とは不幸な人びとの象徴であって、不幸な人を笑わせることができれば、世界中が明るくなる、という意味である。ちょっとした思い遣りのある笑いが、世の中を明るくする。

ユダヤでは、肉親が死んでも一か月以上、悲しんではならない。ユダヤの神は、明るさ、楽しさ、笑いが好きなのである。

〈罪をいつまでも悔やんでいてはならない〉というのは、メランコリーに陥って、神に尽くすことができなくなるからだ。心のなかで、強く反省し、二度と過ちをくり返さぬと、一度誓い、そのうえで喜びをもって神に仕えなさい〉

このほかに『タルムード』には、〝快活でなければならない〟という多くの教えがある。

もう一つ、拾ってみよう。

〈裁判所で罰金を払ったら、口笛を吹いて出てきなさい〉

ユダヤ人は、外国人からしばしば図々しいと誤解される。しかし、この裏には、このような人生哲学が存在しているのである。

〝泣いてばかりいて〟一生を過ごしてはならない。〝笑ってばかりいて〟一生を過ごしてはならない。

このことわざは、前の警句と矛盾している。しかし、ことわざは絶対の真理を説いているのではない。人生におけるヒントなのだ。

私もここで、「――をしなさい」と説こうとは思っていない。ただ、考える素材を提供しようと努めているだけである。神は、人間を左右対称につくった。そして、動物や魚も左右対称に。

『タルムード』によれば、人間というものは半分は天に、もう半分は地に属している。人間には天性と獣性がある。

人間は、いろいろな要素から成り立っている。喜怒哀楽……笑い、泣き、喜び、怒り、悲しみ、楽観、悲観……どの一つの面だけを、強調しすぎてもならない。

結局、人生はバランスなのだ。

四六時中泣いていても、四六時中怒っていても、手放しで喜んでいても、笑っていてもならない。バランスは、非常に大切なことである。

ユダヤ人は、狂信者を嫌っている。たとえ正義のためであっても、妻子をかえりみない者や、禁欲する者といった分別を欠いた人びとは幸せではないし、人間らしくないとみなされるのである。バランス、バランス……バランス。忘れてはならない。

どうせハムを食べるなら、〝おいしく〟食べたほうが良い。

ユダヤ人は、戒律によって食べることを禁じられているものがある。豚肉——ハムもそうだ。

ユダヤ人の特徴は、この本にもしばしば出てくるように、楽観的なことである。底抜けに楽観的なのだ。しかもこれは、どうせ人生を生きるなら、楽しく生きるべきだ、といったものではない。神が創られた世界を楽しまないのは、神さまに対して失礼だというのである。

もちろん、ユダヤ人はハムを食べることは固く禁じられている。それでも、ハムを食べるような破目《はめ》になったら、嘆きながらまずく食べるよりは、楽しんで食べなさい、ということなのだ。ユダヤ人的なことわざである。


他人を幸福にするのは、香水をふりかけるようなものだ。ふりかけるときに、〝自分にも数滴はかかる〟。


ユダヤ人は、人に物を贈ることが好きである。これはユダヤでは慈善を与えることが義務づけられていることからきているのかもしれない。

ヘブライ語では、慈善という言葉と、正義という言葉は、同じ〝ツェダカ〟である。英語で慈善を意味する〝チャリティ〟の語源は、ラテン語で〝キリスト教徒の愛〟という言葉であり、〝施す〟という意味を持つようになった。

ユダヤ人にとっては、慈善は施すものではなく、当然の行為なのである。

ユダヤ人はどのような家庭でも、子どものときから小さな貯金箱を与えられるが、この貯金箱は慈善用のものである。貯《た》まると、シナゴーグを通じて、慈善にまわされる。

しかし、慈善にも限度がある。収入のある一定の限度以上を慈善にまわすことは、禁じられている。豊かな者なら収入の五分の一を慈善にふりむけなければならないが、平均的な家庭であれば一〇分の一である。もちろん、貧しい者は受け取るほうだ。

古代イスラエルで、このようなユダヤ教の律法によって、福祉制度が確立していたことは、現在の福祉制度の基礎となった救貧法が、イギリスで成立したのが一七世紀であることを考えると、ユダヤ人の〝ツェダカ〟の観念が、いかに強かったか、わかるだろう。

ユダヤ人は、あらゆるユダヤ人が兄弟であるとみなしている。そこで、兄弟が困っているときに助けることは、当然のことである。だから今日でも、ユダヤ人の地域社会のなかで貧窮している者があれば、収入から出しあって生活の面倒を見るのだ。

もっとも、『タルムード』は、他人の慈善にすがって生きてゆくことに満足してはならないと強く戒めている。

親切や善行を行って、人を喜ばせれば、自分もいっしょにうれしくなるものである。

〃幸福〃を追うと、〃満足〃から遠ざからねばならない。

人間は幸福でない限り、満足しない。これは、誰にでもわかっていることだ。しかし、幸福とは何か、幸福とはどのような状態であるか、いったい幸福とはどのようにしてはかるのか？　こういわれると、人によって答えは違うし、ほとんどの人は、このような質問に答えることができないだろう。

これは、もっともなことである。人間は一生、この問題に答えようとして生きてゆくのだ。私にも、わからない。あなたにも、わからない。あの人にも、わからない。みな、わかっていないのだ。

しかし、ここで幸福をどうしてはかったらよいのか、ヒントをあげよう。

幸福は得ることによってはかる、という方法がある。ほとんどの人は、得ることによってはかっている。

もう一つの方法は、失うことによってはかることである。

この方法は、健康と病気の関係に似ている。私たちは、健康なときには、健康であることをさほど喜ばない。健康を失ったときに、健康を取り戻そうと願うのである。

病気は、痛み、苦しさといったように、体に感じることができる。ところが、健康は体に感じないのだ。案外、幸福も、幸福なときには、感じないのではなかろうか？　失ったときに、はじめて、痛さや、苦しみを味わうのである。

そして、人びとはそうなってからよく、「私は幸福だったのだな」と感じる。

つねに、〝もっと不幸がある〟と思いなさい。

ある町で、ある貧しい男がラビを訪ね、涙を浮かべて訴えた。

「ラビよ！　私の家は小さいのに、子どもが多く、妻ときたら、これほどの悪妻はいません。おそらく、この町でもっとも悪い妻でしょう。ああ、どうしたらよいでしょうか？」

ユダヤ教では、キリスト教（カトリック）とちがって、離婚は許されている。もうどうしようもないときには、ラビの許しを得ればよい。

「山羊《やぎ》をもっているかね？」

ラビは尋ねた。

「もちろん」貧しい不運なユダヤ人が答えた。「ユダヤ人で山羊を持っていない者がいるでしょうか？」

「それでは、山羊を家のなかに入れて飼いなさい」

男は怪訝《けげん》な顔をして帰っていった。が、翌日、またやってきて言った。

「ラビよ！　もう耐えられません！　悪妻に山羊です！　もう、だめです！」

ラビが尋ねた。

「ニワトリを飼っているかね？」

「もちろんですとも」男は答えた。「いったい、ニワトリを飼っていないユダヤ人がいると思いますか？」

ニワトリは、ユダヤ人の好物である。

「それでは、ニワトリを全部、家のなかへ入れて飼いなさい」

男は、翌日、またやってきた。

「ラビよ！　もう世界の終わりです！」

「そんなに悪いかね？」

「女房に、山羊に、ニワトリが一〇羽！　ああ！」

「では」と、ラビが言った。「山羊とニワトリを外に出して、明日、もう一度来なさい」

翌日、貧しい男がやってきた。血色もよくまるで黄金の山から出てきたように、両目が満ちたりて輝いている。

「ラビよ！　山羊とニワトリを出しました。あなたが一〇〇〇回、祝福されますように！　家はいまや、宮殿のようです！」

〝してしまった〟悔やみより、〝したかったのにしなかったこと〟のほうが、後悔が大きい。

やってしまったことを悔いるのと、してみたかったけれどしなかったのを悔いるのでは、どちらのほうが未練が強く残るだろうか？　老人たちに聞いてみれば、ほとんど全員が、してみたかったがやらなかったことのほうが悔いが深いと答えるだろう。

人間は失敗によって大きなものを失うとしても、そのたびにそれと釣り合うほど大きな教訓を得ているのだ。ところが、したかったのにやらなかったことでは、可能性を失っている。ここでは、失敗は有限であるが、可能性は無限なのだという人間の楽観的な本性の力が働いている。人間は楽観的すぎるのだろうか？　しかし、人間のあらゆる進歩は、可能性を信じる楽観から生まれている。

誤ってやってしまったこと――失敗――は、経験となる。失敗は、成功の肥料であるともいえる。そして、人間は失敗を悔いても、経験と教訓を得たことを知っているので、可能性を葬ってしまったことよりも、悔いが軽くてすむのである。

失敗は成功の土壌づくりに役に立つが、しなかったということは、可能性という土壌そのものを失ってしまうことになる。

“見知らぬ人”に親切にするのは、“天使”に親切にするようなものである。

ある時代、ヨーロッパのユダヤ人街に有名なラビがいた。その息子も、同じほど敬虔《けいけん》で、正直に育てられた。

あるとき、息子は父親に「聖書に出てくる賢人や、聖人たちに会いたい」と熱心に頼んだ。というのは、言い伝えによれば、古代の人びとも、年に何日か、地上に戻ってくるといわれていたからである。

父親は、「もし、お前が敬虔に、正しく生活すれば会えるようにしよう」と条件をつけて約束した。

それからは、息子は一所懸命になって、すべてを正しく生活した。

一か月、二か月、半年たった。しかし、ラビは何もしなかった。息子が尋ねると、「忍耐力、忍耐力を持ちなさい」とくり返すだけだった。「朝、正しい行いをしたからといって、夕方、モーセに会えるわけではないだろう?」と言うのだった。

ついに一年たった。息子は毎日、待っていた。

ある日、礼拝所にぼろをまとった一人のホームレスがやってきて、一夜の宿を貸してくれるように頼んだ。

息子は、「ここはホテルでも、レストランでもない、礼拝所だ」と言って、せめて食事をと願うホームレスを追い返してしまった。

その夜、ラビは息子にいつものように、「今日はどうだったかい？」と尋ねた。息子はホームレスがやってきて、追い払ったことを告げた。父親は天を仰いで嘆息して言った。

「あれが、お前が長い間待っていた聖書の人物だ」

息子は、あわてた。「お父さん、一生、私はこの日のことを悔やんで生きなければならないのですか？　何とか、取り返しはつかないのでしょうか？」

ラビは、こう言った。

「いや、また、やって来られるだろう。しかし、いつ、どのような姿をして来られるか、わからないよ」

人に言われてからした良いことは、自らすすんで行った善行の〝半分〟しか、価値がない。

『ミッドラッシュ』には、つぎのような話が載っている。

あるとき、目の不自由なホームレスが町の角に座っていた。そこへ二人の男が歩いてきた。一人の男は銅貨を取り出して与えたが、もう一人は何もしなかった。そこへ死神があらわれて、二人に言った。

「この哀れなホームレスに銅貨を恵んだ者は、私を怖がる必要はあと五〇年はない。しかし、もう一人の男はじきに死ぬだろう」

すると銅貨を与えなかった男はあわてて言った。

「これから戻って私はあのホームレスに銅貨を恵んできます」

「いや」と死神はいった。「船に乗って海に出るときに、その船底に穴があいているかどうか、海に出てしまってから調べるだろうか」

ブドウの房は、〝重ければ重いほど〟、下に下がる。

これは、人間は謙虚であるほど腰が低くなるということを意味している。

ユダヤにはこういう古い物語がある。

ソロモン王は、ある日、主なる神からすばらしい贈り物を受け取った。絹で織ったじゅうたんであり、これに乗って空を飛んでどこにでも行くことができた。そこでソロモン王は、朝食はダマスカス（現在はシリア・アラブ共和国の首都）で食べ、メディア（紀元前8世紀にイラン高原にあった王国）で夕食を食べるといった夢のような生活を送ることができた。

王は賢い人であったので、あらゆる動物や虫の言葉がわかった。

ある日のこと、ソロモン王がこのじゅうたんに乗って、例のごとく空を飛んでいると、下からアリの話し声が聞こえてきた。女王アリがアリたちに向かって、上をソロモン王が飛んでいるから隠れるようにと言っていたのだ。

そこで、ソロモン王は地面に降りて、アリの女王をつかまえ、「お前はどうして私から隠れるように、みなの者に言っていたのだ」と聞いた。すると女王アリが答えた。

「それはあなたが、自分を世界で一番偉いと思っていらっしゃるからです。そういう人は非常に恐ろしい」

ソロモン王は、女王アリを見て笑った。「お前はこんなに小さい。そして私が空を飛ぶほど高く飛べないだろう」。すると女王アリは言った。「そうおっしゃるのでしたら、あなたのじゅうたんに私も乗せてください」

ソロモン王は、女王アリを招き寄せると、じゅうたんに乗って飛び上がった。空高く上がったとき、女王アリはソロモン王の頭の上を飛んだ。

「ほらごらんなさい、私のほうが高く飛べるじゃありませんか」

最高の知恵は、〝親切〟と〝謙虚〟。

ある敬虔な男が、ラビに言った。

「私は神を称えるために、自分の力の範囲内で、できる限りの努力をしてきました。しかし、今日ふり返ってみますと、私は何の進歩もしていません。私は以前とまったく変わらないつまらない男で、無知そのものです」

ラビは、これを聞いて喜んだ。

「あなたのうえに一〇〇〇回の祝福があるように。あなたは前と変わらない、つまらない男で、いまだに無知であるといった。あなたは、大きな叡智《えいち》を学んだ。謙虚さである」

いったい謙虚さとは、何だろうか？　自分を主張しないで、相手の言おうとしていることや欲していることを、できるだけ認めようとすることである。

そして、親切は、謙虚さと双生児である。謙虚になれないと親切になれないし、親切でなければ、謙虚になれない。

客が咳をしたら、〝スプーン〟をあげなさい。

家に呼ばれてきた客は、礼儀正しいものだ。自分の前のテーブルにスプーンが置かれていなくても、「スプーンをください」とは、言いだせない。

これはもちろん水でも、フォークでも、ナイフでも、コップでも、何でも同じことだ。せいぜい客は咳払いでもして、そういうヒントを主人に与えるほかはない。

人間が、人生を送っていく間に出会う人びとは、みんな客であると考えてよい。客は、人生で出会う人たちの象徴である。

このことわざは、自分が交際する人びとには、つねにこまかく気を配らなければならないことを教えている。

**自分の欠点を探すのに熱中している者は、
他人の欠点が見えない。
他人の欠点を探すのに熱中している者は、
自分の欠点が見えない。**

『タルムード』は、〈世界でもっとも不幸な人間は、自分を意識することが過剰な人間である〉といっている。

自分の失敗をいつも他人が笑っていると思う者は、自分が世界の中心にあり、他人が一日に二四時間自分を注視していると勘違いしているのである。

そこで、このようなことで自信を失っている者は、鼻もちならないほど自信が過剰であるのと変わりがない。いってみれば、自己中心で、傲慢《ごうまん》なのである。思いあがりからくるかん違いなのだ。

この逆も然《しか》りである。

人間は〝鉄〟よりも強く、〝ハエ〟よりも弱い。

ニューヨークの摩天楼や、東京・新宿の高層ビル街を見ると、人間の知力は、鉄よりも強いことがわかる。しかし、鉄を溶かしたり延ばしたりして、巨大な建造物をつくることができる人間も、ハエや蚊によって刺されたり、その小さな虫が運ぶばい菌によって三か月も、あるいは三年も寝込むことがある。

このことわざは、ユダヤの子どもたちに、人間というものは万能のように強く見えても、こういった小さな虫に非常に弱いという事実を通して、自分よりも弱い、あるいはまったく小さいものに対しても、怖れを抱き、傲慢にならないようにと戒めている。

つまり人間は謙虚でないと、この世はさまざまな危険に満ちているという教えである。

人間は、成功すればするほど傲慢になりがちである。そして、今日の世界は、人間が文明を通じて、いかに成功しているかを示している。しかし、それでも、人間はハエや蚊のような小さなものに弱い。だから、成功すればするほど、より謙虚に生活しなければならないのである。


人は転ぶと、まず〝石〟のせいにする。

石がなければ、〝坂〟のせいにする。

そして、坂がなければ、〝靴〟のせいにする。


〝自分は、いつも正しい〟。こう思うのは、謙虚さが足りないからである。

もちろん、自分のせいだと認めることは、難しいことである。

それでも、たとえ国王でも全世界を所有しているわけではない。人間は、共同生活を営んでいる。譲り合わねば、人間の共同生活は成り立たない。

自分が正しくないのに正当化しようとすれば、誰かが誤っているということにしなければならない。

「自分は、いつも正しい。そして、他人はいつも誤っている」とし、人々が皆こう言い続けたとしたら、どのような社会が生まれるだろうか？　残念ながら、人間はこのような落とし穴に陥りやすい。

しかし、私たちは少しでも住み良い社会をつくらねばならない。お互いに謙虚になること、自分の誤ちを率直に認めること——これは、いくら説いても、説きすぎということはなかろう。

犯された行為は変わらずに残るが、〝人間は日々変わってゆく〟。

これは、『タルムード』の言葉である。

『聖書』の有名な言葉、〈罪を憎んで、人を憎まず〉と同じように、犯された罪を憎むことはできても、その人間は後には変わってしまっているから、その人間そのものを憎むことはできない。人間は改まるからである。『聖書』は人間が努力すれば向上するという人間への信頼と楽観に溢《あふ》れている。

〈毎日新しいことが起こる。これは神の贈り物である。人間も毎日生まれ変わる。だからあきらめてはならない〉ともいわれる。

人間が天地創造の最後の日につくられたのは、〝傲慢さをなくすため〟である。

『聖書』によれば、神は光と闇、天と地、陸と海、あらゆる生物、植物をつくったうえで、最初の人間であるアダムをつくった。人間をつくったのは、六日目である。七日目に神は休んだ。これが安息日の始まりである。

私は読者のみなさんに、ぜひ『聖書』を読まれることをすすめたい。もし、全部読むことができなければ、初めのほうだけでもよい。数多くの教訓が得られるだろう。

さて、古代のラビたちは、どうして神が最後に人間をつくられたのか、と考えた。『タルムード』は、こういった議論集でもある。いまだったら、ブレーンストーミングというのだろうか。

そして今日では、神は人間に謙虚さを教えるために、人間の創造を最後の日まで待ったというのが、定説となっている。人間が、他の生物や植物に対して、自分たちが先輩だといって威張ることなく、自然に対して謙虚になるように、最後の日に人間をつくったのである。

〝心を耕すこと〟は、頭脳を耕すよりも尊い。

これは、〈正しいことを学ぶよりも、正しいことを行うほうが、はるかに良い〉ということわざと同じことを教えている。

あるラビが、学生の一人を夕食に招いた。

ところが、ラビがこの学生に「ワインの前の祈祷文《きとうぶん》を唱えなさい」と言うと、学生ははじめの数行しか、覚えていなかった。

他の祈祷文についても、みな、そうであるし、これまで教えたことも、ほとんど覚えていない。

そこで、ラビはこの学生を罵ってしまった。若者は、食事が終わると、頭《こうべ》を低く垂れて帰っていった。

何日かあとに、ラビはこの若者が、病んでいる人がいればその家に行って手伝い、貧しい者がいれば自分が働いて得たお金を届けるというように、多くの善行を重ねていることを聞いた。

ラビは恥じた。そして、弟子たちを集めて、こう言った。

「万巻の書物を読んで、多くを知っているといっても、心を耕すことがなければ、知っているることにとどまってしまう」

石鹸は体のため、〝涙は心のため〟。

人びとは石鹸《せっけん》で体を洗い、涙で心を洗う。もう一つ、美しいことわざがある。〈天国の一隅には、祈れなかったが、泣けた人のために場所がとってある〉
喜怒哀楽。泣けない人間は、楽しむことができない。夜がなければ、明るい昼はない。
泣くのを恥ずかしがる者は、喜ぶときも、ほんとうに喜んではいない。つくって、装っているのだ。
泣いたあとは、気持ちが晴れる。湯上がりの魂だ。神はちょうど乾いた魂に雨を降らすように、人間に涙を与え給うた。泣いたあとには、畑にようやく待たれた雨が降ったように、土地が濡れる。そして、種が芽をふき、緑を茂らせる。

今日の社会が機械化されて、もっとも危険なのは、涙がむだなもので、したがって恥ずべきものとなったことである。人間は、泣くときには、泣かなければならない。他人のため、自分のために。

明日のことを心配しすぎてはならない。〝今日、これから起こることでさえわからない〟のだから。

人生はくよくよしてはならない。人間は先が見通せるほど、偉くはないのだ。

あまり悲観しすぎたり、あまり楽観しすぎることは、自分が先を完全に見通せるふりをして、自分が偉いと勘違いすることでしかない。人間は楽観しすぎるほど、悲観しすぎるほど、偉くはないのだ。

世間であの人は運が良い、運が悪いといわれるのは、これから何が起こるか、まったくわからない、ということをいっているのである。

楽観も、悲観も、人間の力が明日に及ばないところから生まれてくる。

明日のことを心配しすぎてはならないのと同じように、楽観しすぎてもいけない。これから起こることがわからないからこそ、人生は楽しいのだ。

神は〝正しい者〟を試される。

これは『聖書』からきたことわざである。

『ミッドラッシュ』では、ラビ・ヨナサンは、「陶器をつくる者は、壊れている陶器を指でたたいたりして試すことはない。しかし、良い陶器をつくった場合は、指でたたいて試してみる。だから、神は悪い者を試さずに、良い者を試すのだ」と、言っている。

ラビ・ベン・ハニナは、「麻地を売る者は、もしその麻地が良いものならば、たたき続ける。麻地はたたけばたたくほど良くなり、輝きを増すからである。しかし、もしその麻地が悪いと思えばたたいたりはしない。うっかりたたくと破れてしまうからである。そこで神は正しい者だけを試練にあわすのである」と言っている。

ラビ・エレアザールは、「もしある男が二頭の牛を持っていたとして、一頭が強く、一頭が弱かったならば、どちらにすきを引かせるだろうか。もちろん強いほうである。だから神は正しい者に重荷を与えるのである」と、言っている。

日々の生活に活きるユダヤ金言集③

★人類を愛することは簡単であるが、人間を愛することは難しい。

★あなたが人に復讐《ふくしゅう》したら、あとで良い気持ちはしないでしょう。

しかしあなたが人を許したら、あとで良い気持ちがするでしょう。

★人の自信を傷つけるものは、人の肉体を傷つけるものよりも罪が重い。

★人間のもっとも親しい友は知性であり、最大の敵は欲望である。

★悪は、はじめ甘くあとで苦く、善は、はじめ苦くあとで甘い。（『タルムード』）

★病んでいる人が病んでいる人のために祈るときは、祈りの力は倍になる。

★金持ちはポケットに神をしまおうとするが、

貧乏人は心のなかに神をしまおうとする。

★ワインを飲んでいる時間をむだな時間だと考えるな。

その間にあなたの心は休養しているのだから。

★人を嫌うということは、かゆいところをかくようなものである。
かゆいところをかけばもっとかゆくなり、
嫌いな人のことを考えればもっと嫌いになる。

★英雄になる第一歩は勇気を持つことである。

★何も打つ手がないとき、一つだけできることがある。
それは勇気を持つことである。

★お金がなくなったときには人生の半分が失われる。
勇気がなくなったときにはすべてが失われる。

★あまり後悔しすぎてはならない。
正しいことをやる勇気がそこなわれてしまうから。

★失敗を極度に恐れることは、失敗するよりも悪い。

★謙遜しすぎるのは、傲慢なのと同じである。

★あなたが手伝わなくても、太陽は自分で沈んでいく。

第5章

知識と知恵

〝理想のない教育〟は、〝未来のない現在〟と変わらない。

マルクス、フロイト……というように、世界を変えたユダヤ人の名前をあげていくと、ユダヤ人には改革者が多いことがわかる。

科学の定説を大きく変えたり、社会改革をしたユダヤ人は多い。

では、ユダヤ人の理想とは、何だろうか？

ユダヤ人は『聖書』の創世記で、神が人間をつくり、人間の手に世界を委《ゆだ》ねたときに、世界をより良いものにする責任を課したと教えられている。

この『聖書』の世界とは、正義が行われる世界である。地上で人びとが富み、平等で、平和に満ち、神が称えられる世界だ。神というのは、正義である。この教えは、子どものころからくり返し、何回も聞かされているので、成長するにしたがって、強い願望となってくる。

ほとんどの宗教は、保守的である。しかし、ユダヤ教にあっては教えを守っているだけではいけない。人間はつくりださなければならないのだ。

それに、世界に離散して、ユダヤ人街に閉じこめられ、人間以下の人間として蔑まれ、圧迫されたことは、この伝統に加えて、ユダヤ人に正義が行われる公平な社会を、さらに強く夢見させただろう。そこで、多くの社会改革主義者を生んだのである。

アウシュヴィッツの収容所で囚人たちがつくって全員が唇にのせた歌は、「私は信ずる……恒久平和の時代が来ることを」というものであった。これが他の民族であったら、もっと違う歌をつくったことだろう。これが、ユダヤ人なのだ。

エルサレムが滅びたのは、〝教育が悪かったから〟である。

ユダヤ人は何かに失敗した場合、教育が悪かったからだと真っ先に考える。それは長い間、神を称えることが学ぶことであったからである。学ぶことによってユダヤ人は神を称え、そして神に近くなると考えてきた。

そこでエルサレムがローマ軍によって滅ぼされたときも、人びとは、それは軍隊によって滅ぼされたのではなく、教育が悪かったからだと考えた。

『タルムード』には、こういう話が載っている。

ある町に高名なラビがやってきた。町の長《おさ》がこのラビを案内して、町の防備状態を見せた。あるところには兵士たちが立てこもっている小さな砦《とりで》があり、そしてあるところには柵が設けられていた。この長がラビを連れて宿合に帰ると、ラビは「私はまだこの町がどうやって守られているか、見ていません。町を守るのは兵士ではなく、学校です。どうして私を真っ先に学校に連れていかなかったのですか？」と聞いた。

学校は、守るべきものとしてつくられる。もし学校がなくて、ユダヤの教えや伝統が守られなかったとしたら、いくら兵力があっても意味はない。まず守るものをつくるのが、最善の防備なのである。

人が生きている限り、奪うことができないものがある。
それは〝知識〟である。

ユダヤ人は長い間家を焼かれ、土地を奪われ、財産を没収され、国から国へと追われた。

そこで、ごく最近まで、ユダヤ人の子どもは、幼いときから母親に、「世の中で一番大切なものは何か？　あなたが生きている限り、人があなたから奪えないものは何か？」と聞かれ、「お金」とか、「ダイヤモンド」と答えると、「いいえ、それは知識です」と教えられてきた。私も、幼いころに母親からそう教えられた。

ユダヤ人は、着のみ着のままで逃げるときに、もっとも大切なものは知識であることを長い歴史を通じて覚え込んだ。

『タルムード』には、こういう話が載っている。

あるとき、船に学者が乗っていた。学者は、同じ船に乗っていた商人たちから、「いったいあなたは何を売るのですか？」と聞かれ、「私の商品は世界で一番優れているものです」と、答えた。

商人たちは、学者の寝ている間にその荷物を調べた。しかし何も出てこなかったので、みんなは、この学者は少しおかしいのではないかと、陰で笑っていた。

長い航海を続けているうちに、船が難破した。みんな荷物を失ってようやく岸にたどりついた。学者はその町でシナゴーグへ行き話をした。そうすると、その町のどの学者よりも彼は優れていることがわかった。そこで彼は、その町でたいへん大切にされ、賢者として富を積んだ。

これを見て、商人たちは感心していった。

「あなたはやはり正しかった。私たちは商品を失ったが、あなたの商品はあなたが生きている限り失われることがなかった」

〝お金を貸す〟のは断ってもよいが、〝本を貸す〟のを拒んではいけない。

これは、『タルムード』に載っている律法の一つである。

ユダヤ人は昔から〝本の民族〟とか、〝学問の民族〟と呼ばれてきた。人間にたとえれば、ユダヤ人にとって学問は血のようなものであった。いったい、血液が流れていない人間がいるものだろうか？　それと同じように、学問のないユダヤ人などは考えられないのである。

おそらく学ぶことを宗教的な義務にした民族は、世界にほかにはなかっただろう。

人間は、誰でも生まれてから少年期に達するまでに、言葉を覚える。それなのに、世界の各民族を見ると、近代が始まるまでエリート以外は大部分が読み書きできなかった。しかし、ユダヤ人は言葉を習うとともに、『聖書』や『タルムード』を学ぶために、読み書きを教えられたのである。そして、学問は神の言葉であるから、万人の共有物であると考えられた。

ユダヤ人には、今日でも、この伝統が脈打っているのである。

〝本は知識〟を与え、〝人生は知恵〟を与える。

知識と知恵が違うことを、現代人は忘れているようだ。一〇〇年、五〇〇年、一〇〇〇年前とくらべれば、人間が持っている知識の量は、膨大なものであり、途方もないまでに増えている。しかし、『タルムード』をはじめとするユダヤの古典を読むと、人生の知恵においては、かえって人間は退歩しているようである。

ユダヤの家庭では、一週間に一日ある安息日には、家族が集まり、父が子に『聖書』や『タルムード』を教える。安息日は、家族の日なのだ。そこで、今日でも安息日には、ユダヤ人はめったに旅行しない。ビジネスマンも、この日にかからないように出張する。

ユダヤ人は、教育といえば、学校という公共の教育施設よりも、家庭を思い浮かべる。家庭における教育を重視するのだ。というのは、子どもたちは学校では知識を学ぶが、家庭において知恵を教えられるからである。そして、子どもたちの生活の中心は家庭にある。

今日、多くの日本の青年が、大学で知識ばかり教えられ、知恵を教えられないために、魅力を欠いた人として社会人になっている。教育だけでは、人は豊かな人格を持てない。知恵が加わって、教養となる。教育があっても、教養がない人は、落伍《らくご》していく。

知恵が『タルムード』を生み、知識がＩＣＢＭ（大陸間弾道ミサイル）を生んだのである。ユダヤ人は知識は進んでも、知恵は昔と変わらないと確信している。だからこそ、五〇〇〇年以上も前の『聖書』や『タルムード』を尊重するのである。知識を書いている本と、知恵を書いている本は、はっきりと区別されるのだ。知識の本とともに、知恵の本も読まなければならない。

それでもユダヤの古典は、知恵は本で読むよりも、親が子に伝えるのがもっとも効果的である、と教えている。

祈るときは短く、〝学ぶときには長い時間〟をかけよ。

これはユダヤ人が、学ぶということを、神を称える祈りそのものであると長い間考えていたことからきている。しかし、〝神はもっとも偉大である〟という民族が、どうして〈祈るときは短く、学ぶときには長い時間をかけよ〉と言ったのであろうか。

神に祈るときは、人間がこちらから神に話しかけているのであり、真理を追究して、いろいろな教えを学んでいるときは、神が向こう側から話しかけているからである。

そこで、祈るときは正しい精神をもち、正しい気分をもって、短い時間だけ祈るべきであり、ほかの時間は、神がいろいろ指し示した真理について学ぶ。そしてその真理を究めることがまた神を称えることになると、ユダヤ人は考えてきたのであった。ユダヤ人が長い間、知識を尊び、また知恵を尊んできたのは、学ぶということが神を称える祈りと同じだと考えてきたからである。

今日神を信じていないユダヤ人でも、この長い伝統によって、学問というものを人生でもっとも大切なものだと考えている者が多いのである。

あなたの舌に「私はわからない」という言葉を一所懸命教えなさい。

知ったかぶりをする者は、泳げないのに、泳げると言って、水に飛び込む者に似ている。

これほど、愚かしいことがあるだろうか。

人間は子どものころから学びながら、精神的に成長していく。

学ぶということは、まず自分が知らないことを認めることから始まる。知らないということを認めない者は、成長することがない。

知らないということを認めることは、知的なことなのだ。

自分の欠点が直せないといっても、〝自己を向上させる努力〟を諦めてはならない。

ユダヤの古典の一つである『ミッドラッシュ』は、〈良いところには、必ず小さな悪がある〉といっている。

人間は神ではないのであるから、完全な善になることはできない。そして、完全な善人になれないからといって、自己を向上させることを諦めてはならない。

人間は誰でも欠点を持っており、短所がある。もちろん、短所を直そうとすることは大切なことである。しかし、欠点を克服することが難しいからといって、ひるんではならない。

人間は、誰でも短所を持っているように、長所を持っている。完璧な賢者がいないのと同じように、完全な愚者も存在しない。

そこで、短所よりも、長所を大きくすれば良いのだ。そうすれば欠点をさほど抑えることができなくても、長所がはるかに大きくなれば、短所は小さなものとなってしまうのである。

長所を伸ばすことは、短所を小さくする最善の方法であるといえるのである。

生物のなかで人間だけが笑う。
人間のなかでも、〝賢い者ほどよく笑う〟。

ユダヤ人ほどジョークを重視する民族はいない。苦しいときに笑いを与えてくれるばかりでなく、その笑いに大きな教育効果があると考えているからだ。

たしかに、真面目なことは良いことだ。しかし、あまりにも真面目に硬直してしまうと、一つの見方しかできなくなり、考えかたが狭くなる。ユーモア、ウイット、ジョークは、生真面目の道からちょっと外れて物事を眺めなければならない。

アインシュタインは、こう言った。

「自然科学であれ、社会科学であれ、進歩はつねに連想力によってもたらされる。一つのことから、何か他人が思いつかないことを連想できる能力が必要なのだ」

ジョークを理解するには、素早い頭脳の反応——連想力と、多角的な幅広い知識が要求され、絶え間のない訓練になるのだ。

だから、ジョークを馬鹿にしてはならない。

〝山羊〟に鬚があるからといって、〝ラビ〟にはなれない。

私も鬚《ひげ》を生やしていたことがある。ラビには鬚を生やしている者が多い。というのは、『聖書』では顔をはじめ体に傷をつけることを禁じている。それで、かみそりが使えないので、鬚をそることができなかったのだ。ところが、電気かみそりが発明されてから、電気かみそりなら顔をそっても良いことになった。いったい電気かみそりで、顔を傷つけた者の話を聞いたことがあるだろうか?

ラビはヘブライ語で〝私の先生〟という意味であるが、地域社会の賢者であり、指導者である。

そこで、このことわざは、いくら外見を飾っても、内容がともなわなければ意味がないことをいっているのだ。

〈もし、鬚の風格で人をはかるなら、山羊《やぎ》が世界でもっとも賢人である〉

もちろん、いうまでもないが、私は鬚があったからといって、山羊にはならなかった。

子どもに教えるもっとも良い方法は、〝自分が手本を示すこと〟である。

一九世紀に生きていたユダヤの賢人の一人であるヤラシュニールはこう言っている。

「あらゆる父親は、自分の息子が教養を積み、そして敬虔《けいけん》なユダヤ人になるように育つことを願っている。そして、その息子が成長して父親になると、またその息子も良いユダヤ人として成長することを願う。しかし、父親のなかで、自分が教養を積み、敬虔な良いユダヤ人になろうと努める者は、息子がそうなることを願う父親よりも少ない」

人は誰しも大人にならない。〝子どもが歳をとるだけ〟である。

三〇歳の子ども、四〇歳の子ども、六〇歳の子ども。人間はみな子どもだ。人間は誰でも子どものように自分本位で、わがままなところを持っている。

それに、子どものころ大切に育てられたか、苦労したか、親からどのような教育を受けたのかといったことが、一生ついてまわる。

ある人の性格を調べようとしたら、小さいときどのようにして育ったかを研究すればよい。人間は子どものころに完成してしまう、とすらいわれる。

だから、子どもに愛情をそそぎ、正しく育てることが、どうしても必要なのである。

あなたも、私も、そこにいる人も、あそこにいる人も、みな子どもなのだ。髭《ひげ》を生やした子ども、顔がしわだらけの子ども、杖《つえ》をついた子ども……。子どもたちが大人として、あるいは老人として生きているだけなのである。

幼い子どもは〝頭痛〟を与えるが、成長すると〝心痛〟を与える。

幼い子どもは、よく泣く。自分の子どもだから、いくら可愛いといっても、朝から夜中まで泣かれると、頭が痛くなってくる。もっとも両親にとっては、楽しい、嬉《うれ》しい頭痛だ。

五歳、六歳、七歳と成長するにつれ、家のなかを駆けめぐり、兄弟でけんかをし、好奇心からさまざまな質問をして、両親に頭痛を与える。

それでも、楽しい。子どもを持った者なら、誰にでもわかるだろう。いまに、頭痛から解放される。立派な青年になってくれるのだ。

ところが、大きくなると、心痛を与える。

これが、人生なのである。

愚か者にとって、老年は〝冬〟である。賢者にとって、老年は〝黄金期〟である。

人間は、みな歳をとっていく。

では、若いうちに何をしたら良いだろうか？

古代のラビは、こう答えている。「自分がやがて歳をとり、老年に入ることを知り、老年に向かって心理的な準備をすることである」と。それは老年に向かって、自分を創造していくことである。また、こうすることによって、若いころから老人を大切にするようにもなる。

人間は究極的には、「何をするか」ということよりも、「何であるか」ということのほうが重要であるはずだ。

ところが、今日の消費万能社会は、「何であるか」ということよりも、「何をするか」ということを尊んでいる。そこで、活動的であることが、称えられている。テレビのコマーシャルや、雑誌や、新聞に載っている広告を見ても、若さと活動的であることに、過度な称賛がおくられている。若さが強調される文化なのだ。

壮年期に入っても、老年に達しても、若いこと、活動的であることが求められている。

このような社会では、老年は敗北であり、冬であるとみなされる。「何をするか」のほうが、「何であるか」よりも、はるかに大切であると考えられているからである。

必ず敗北が待っている社会は、何と過酷な社会であろうか？

この格言が正しければ、今日、私たちは愚か者の社会に住んでいるといえるのであろう。

老人を大切にせぬ若者には、〝幸福な老後〟は待っていない。

人から、「お若いですな」と言われたら、老年に入った兆しである。

つぎに、もっと歳をとると、トイレに行ってから、ズボンのチャックを上げるのを忘れるようになる。そして、さらに歳をとると、チャックを下ろすのを忘れるようになる。

――これは、ユダヤのジョークである。

日々の生活に活きるユダヤ金言集④

★体重ははかることができるが、知性ははかることができない。どうしてだろうか。体重には限度があるが、知性には限度がないからである。

★人は本からもっとも大きな知識を得る。

★人によっては、勉強をするのにあまり時間を使いすぎて、真実を知る暇がない。

★教師から学ぶことよりも同僚から学ぶほうが大きく、生徒から学ぶほうがさらに大きい。(『タルムード』)

★学校のない村は廃止されるべきである。(『タルムード』)

★まず学んでから人に教えなさい。

★肥満、カネ、慢心は記憶力に悪い。

★学者のなかにも、ロバに似ている者がいる。彼らはただ本を運んでいるだけだ。

★文章を書くことは、小切手を書くのに似ている。思想がないのに文章を書こうとするのは、銀行に残高がないのに小切手を書こうとするようなものだ。

★一度ヘビにかまれた者は、縄を見ても臆する。

★溺《おぼ》れる者は、差し出された剣の刃でもつかむ。

★賢人は七つの長所を備えている。

一、自分よりも賢い者の前では聞いていること。

二、他人が話すときに邪魔をしないこと。

三、答える前に考えること。

四、話題と関係のある質問をし、筋が通った答えをすること。

五、最初にしなければならないことを最初にし、最後にしなければならないことを最後にすること。

六、知らないことは知らないと答えること。

七、真実をつねに尊ぶこと。

これら七つの長所を備えていない者は、賢人とはいえない。
★国王は国を支配するが、賢人は国王を支配する。
★五人の有能な者のほうが、五〇〇人の無能な者よりも良い。（『タルムード』）
★どのような賢人でも、弟子の意見を聞かない者は、新しい進歩をもたらすことができない。
★動物は生まれたときから完成している。しかし、人間は生まれたときは原料にすぎない。この原料を使ってどのような人間にするかは両親の責任である。
★子どもが長ずるにしたがって両親を忘れるのはどうしてだろうか。それは両親の教育が悪いからである。
★両親の言うことを聞かない子は、長じて子ができれば、その子がまた自分の言うことを聞かない。
★人間が変えようとしても変えられないものが一つある。それは自分の両親である。
★どのように知識を究めた者でも、子どもから教わることはできる。
★子どもはどうしてみんなに好かれるのだろうか。

人びとの欠点を鋭く指摘することがないからだ。

★子どもは自分が一番重要だと思っている。成長しない大人もまたそう思っている。

（『タルムード』）

★敵となった兄弟は、どのような敵よりも悪い。

★柔軟性を持っている者は、いくら歳をとっても若い。

★年寄りは自分が二度と若返らないことを知っているが、

若者は自分が歳をとることを忘れている。

★年寄りが家のなかにいるのは重荷である。

しかし、歳とった女が家のなかにいるのは宝である。（『タルムード』）

★馬や牛には、若いときに、田を耕したり、人を乗せたり、

車を引いたりすることを教えなければいけない。

歳をとった牛や馬に教えることはできない。人間も同じである。

★私たちは子どもが生まれたときに喜び、人が死んだときに悲しむ。

しかしそれを逆にすべきである。

子どもが生まれたときには、これからどんなことが起こるかわからないのだし、
人が死んだときには、彼が何かをなし遂げたことがわかるから。（『ミッドラッシュ』）

第6章

賢者の言葉

鳥を籠から逃しても、また捕らえることができるが、〝口から逃げた言葉〟を捕らえることはできない。

ある賢人が、

「あなたはどのようにして、秘密を守っていますか」

と、聞かれた。秘密を他人に話さずに守ることは、賢人でも難しいことである。すると賢人は、答えた。

「私は自分の心を、聞いた秘密の墓場にしている」

秘密は金銭のように留めておこうとしても、油断すると出ていってしまう。お金と同じように、使うべき瞬間までとっておかねばならない。それに秘密はお金よりも危険なものである。

秘密を受け取ったら、その秘密に心のなかで〝要注意〟と書いた赤い札をつけることを想像しよう。そして、人に会って、その秘密を話したい衝動に駆られたら、この札のことを思い出すのだ。

人の悪口、中傷も同じことである。会話は両刃《もろは》の剣で、自分を傷つけることが多いことを忘れてはならない。

口をふさぐことを知らない人間は、〝戸が閉まらない家〟と変わらない。

〈ユダヤ人が二人集まると、三人分の意見が出る〉ということわざがある。ユダヤ人に質問をすると質問で返ってくるといわれるほど、ユダヤ人は好奇心が強い。とにかく、ユダヤ人ほどよくしゃべる民族はないだろう。

見出しの警句は『タルムード』に載っているが、ユダヤ人がおしゃべりだからこそ、紀元前五〇〇年ころから紀元五〇〇年までの間に、延べ数万人のラビが討議した過程や結果が収録されたこの聖典は、一人では一生かかっても読み終わらないほど厖大《ぼうだい》な量になってしまったともいえる。そのためか『タルムード』には、口についての警句が多い。〝不注意に話すな〟〝秘密をもらすな〟〝よく聞け〟といったたぐいである。

あるヨーロッパのユダヤ人街に、おしゃべりな男がいた。彼は立て板に水で話しまくり、相手に口をはさむ機会を与えなかった。

あるとき、この男が隣の都市のユダヤ人街に来て、ラビを訪ね、こう言った。

「うちの町のラビが、あなたの悪口を言っていましたよ」

「そんなことはない！　そんなことはない！」

ラビは椅子から飛び上がって、何回も叫んだ。

「いや、私はこの耳で聞いたんです」

男も負けずに、声を張りあげた。

「そんなことはない！　第一、お前がいたら、そのラビは一言も発することができなかったはずだ」

これは、ユダヤのジョークである。


あなたの舌には、〝骨がない〟ことを忘れるな。


これは、しゃべりすぎへの戒めである。

舌に芸当を教えるのは、難しい。しゃべりすぎるな、秘密を守れ、舌を動かす前に一瞬考えろ、ということをつねに舌に教えていても、舌はすぐに忘れてしまう。骨がないのだ。そこで、いってみれば舌という、あなたの生涯の運命を支配する重要な体の部分が軟体動物であることを、いつも意識していなければならない。

口をすべらせたために、言ってはならないことを話してしまったために、黙っているべきところを舌が動いてしまったために、人生で大きな損をした者は多い。

あなたは、一生舌といっしょに暮らさなければならない。舌はまるで自分の意思を持っているようだ。ひとりでに、動いてしまう。

声や言葉は、人間の〝第二の顔〟といわれている。そして、あまり口を長く開けすぎていると、そこから自分が逃げだしてしまって、自分を失ってしまう危険がある。

一言を加えることはいつでもできるが、言ってしまった一言を撤回することは難しい。

口よりも、〝耳〟を高い地位につけよ。

人間は口によって滅びることはあるが、耳によって滅びた者はいない。

この本を読み終わると、読者のみなさんは、ひどく無口になるかもしれない。しかし、ユダヤには饒舌《じょうぜつ》を戒めることわざは多いのだ。ところで、これは多すぎるといってうるさがるよりは、それほど大事な問題であると受け取るべきである。

口は自分を主張する。耳は人びとの主張を聞く。もちろん、人間はまったく無口でいて良いというものではない。自己を主張しなければ、生きていけない。

しかし、人間のエゴ——自己を他人に押しつけようとする力——は強いものである。そこで、しゃべりすぎることになる。したがって、しゃべりすぎることをいくら戒めても、戒めすぎるということはないのである。

動物に口が一つしかないのに耳と目が二つずつあるのは、周囲のものをよく見て、音をよく聞かねば生存できないからである。よく見て、よく聞くこと。これが、動物を守っているのだということを考えると、私たちの日常生活の教訓ともなるだろう。

人間は、〝しゃべること〟は生まれてすぐ覚えるが、〝黙ること〟はなかなか覚えられない。

これも、饒舌を戒める警句。

ユダヤ人は、議論や論争を好み、饒舌である。とにかく、一つ言うべきところを一〇は言うだろう。

だから、しゃべりすぎることに対する警句がたくさんある。もっとも、これはユダヤ人に限らず、人間が一般に持つ弱さであろう。

〈知恵のまわりの塀は沈黙である〉という言葉は、誰でも教えられる処世のルールである。

自分の半生を振り返ってみれば、口をすべらせたり、一言余計に言ったことを後悔することは多くても、沈黙していたことを悔いることはめったにないだろう。聞くことは知恵を、話すことは悔いをもたらすことが多い。

沈黙も、一つの言葉である。そして、この言葉を学ぶことは、語彙《ごい》を豊かにする。多くの言葉を知っていても、沈黙という言葉を知らなければ、「はい」とか、「いいえ」とか、「好き」とか、「嫌い」といった基本的な言葉を知らないのと同じことである。

お世辞は、猫のように他人を〝舐《な》める〟。しかしそのうちに〝ひっかかれる〟。

賢人として有名なラビ・シュメルケは、ある町から指導者になるよう招かれた。彼は町に着いて、宿屋に入ると、部屋に閉じこもって数時間も出てこなかった。歓迎会の時間が迫り、その打ち合わせもあるので、町の代表が心配して部屋へ行った。

ドアの前に立つと、ラビは部屋のなかを歩きまわり、何か声高く唱えている様子がうかがえた。よく聞くと、

「ラビ・シュメルケ、あなたはすばらしい！」「ラビよ、あなたは天才だ！」「あなたは生涯の指導者だ！」

と、自分に向かって叫んでいる。

一〇分ほど聞いてから、町の代表は部屋に入った。そして、ラビがどうしてこんな奇妙な行動をとっているのか、尋ねた。ラビは答えた。

「私は自分がお世辞や、賛辞に弱いことを知っている。今夜は、みなが最大級の言葉を

使って、私をほめそやすだろう。だから、慣れようとしているのだ。それに誰でも、自分で自分をほめることの滑稽《こっけい》さはわかるものだ。だから、いま言っているようなことを、私が今晩また聞けば、真面目に受け取らないですむだろう」

〈当人の前でほめすぎてはならない。人をほめるときは、陰でほめよ〉

これは、ほめる側への格言である。

嘘を口にしてはならない。しかし、〝真実のなかにも口にしてはならぬもの〟がある。

嘘《うそ》をつくのが悪いことは、誰でも子どものころから何回も教えられて、よく知っている。そして、真実は堂々と話すべきだと教えられて育つ。

ところが、真実のなかでも、言ってはならないものがある。

一つは、人を傷つける真実である。真実にも、嘘と同じほどに迷惑な真実があることを忘れてはならない。コンプレックスを持っていると思われる部分を追及してはならない。夫の会社が倒産した奥さんに、会社が破産した話題をあえて選ぶことはなかろう。

もう一つ口にしてはならない真実は、秘密である。自分の秘密、人の秘密を話してはならない。

真実も、嘘と同じほどに危険なのである。真実も、かみそりのように、用心して扱わねばならないのだ。

嘘つきは、〝ずば抜けた記憶力〟を持っていなければならない。

ユダヤ教は〝律法の宗教〟である。もちろん、戒律を守る敬虔《けいけん》なユダヤ人であれば、律法は神の命令であるから、正しいものであるというだろう。

しかし、ユダヤ人は古代からどういう理由からか、きわめて現実的で、打算が強かった。そこで、モーセがシナイ山頂で神から授けられた〝天主の十戒〟も、それが正しいからというよりは、殺すな、盗むな、といった教えを守ることが、生活の役に立つということを経験によって発見したから、聖なる教えとしたのだろう。事実、『聖書』は医学やセックスの具体的なハウ・ツウに満ちている。『聖書』は処世術のテキストでもある。

この『タルムード』の言葉も、嘘つきは割があわないということを説いている。逆の言い方で、〈真実を話して何が得になるか。何を話したか覚えている必要がないことである〉ということわざもある。

道徳はどこの世界でも、燃えたつような正義感から出たというよりは、生活の便利さをはかるために生まれたものである。そして、ユダヤ人はとくに現実的だったので、キリスト教のように抽象的で曖昧な道徳を掲げるよりも、律法によって、具体的に細かく、人間の正しい行動を定めたのであった。

そのほうが、便利なのだ。嘘を言っても、その場ではいくらかの収益をあげることができるだろうが、長い目で見れば、経済効果はないだろう。

もっとも大きな苦痛は、〝人に話せない〟苦痛である。

このことわざは、二通りに解釈できる。

人が知らないことを知っている、ということは、優越感を与えるものである。そして、その情報が相手に関係しているのに、相手が知らず、自分だけが知っている場合は、ことさらである。

人間にとって、優越感にひたりたいという欲望は強いものである。秘密が守りにくいのは、このためである。

もう一方では、人間は孤独から解放されたいという強い願望がある。一人取り残される、ということほど、恐ろしいことはない。

人間が他人に話すべきでないことを漏らしてしまったり、打ち明けてしまうのは、他人に話すことによって、自分と共通の経験をさせ、孤独から逃れようとするからだ。人間は、直接ものごとを体験するだけでなく、読み聞きすることによっても経験するので、他人に話すことは、相手にその経験を共有させることになる。

そして、親しい者に話せないほど、大きな苦痛はない。人間は時間や、持ち物や、情報をわかち合うことによって、親しくなっていく。親しさとは、わかち合うことにほかならない。

どちらにせよ、人間は秘密に耐えるようにはできていないのだ。

あなたの友は友を持っており、
その友には友がいて、その友にはまた友がいる。
だから、〝友に話すこと〟は気をつけなさい。

自分が聞いた秘密を、他人に話したいという衝動は強いものだ。

『聖書』の箴言《しんげん》は、こういっている。

〈同じことを他人にくり返して言う者は、親しい友を離れさせる〉

秘密は、守らなければならない。あなたの口は金庫なのだ。金庫は安易に、あまりしばしば開けてはならない。

口を金庫にたとえれば、開くまで時間がかかる金庫ほど精巧で、高級である。

この警句は、また、他人のゴシップを口にすることを戒めている。友から友へ、中傷や悪口は口移しに伝わっていく。そして、あなたは不注意さのために、その人の恨みを買うことになる。

日々の生活に活きるユダヤ金言集⑤

★賢人は自分の目で見たことを人に話し、愚か者は自分の耳で聞いたことを話す。

★他人の口から出る言葉よりも、自分の口から出る言葉をよく聞きなさい。

★自分の言葉を自分が渡る橋だと思いなさい。
しっかりした橋でなければ、あなたは渡らないでしょうから。

★たちの悪い舌は、たちの悪い手よりも悪い。

★賢い言葉は、賢い行いに負ける。

★〝たとえば〟という言葉を聞いたら、それは例にならないと思ったほうが良い。

★言葉は薬のようなものである。慎重にはかって使わなければならない。

★殴られた痛みはいつかはなくなるが、侮辱された言葉は永遠に残る。

★すぐ口から出る言葉は、人の耳に苦いことが多い。

★急いで答える者は、急いで間違いを犯す。

★夜話すときは声をひそめよ。昼話すときは周囲をよく見よ。

★中傷はあらゆる兵器よりも恐ろしい。弓矢は見えるところまでしか届かないが、中傷は遠い町ですら滅ぼすことができる。
★一つの嘘は嘘であり、二つの嘘も嘘であり、三つの嘘は政治である。
★すべての嘘は禁じられているが、一つだけ例外がある。
平和をもたらすために使われる嘘である。
★嘘をつかなければ仲人にはなれない。
★その母親の言葉を信じてはならない。隣人の言葉を信じよ。（『タルムード』）
★あまり質問してはならない。あまり質問すると神がこう答える。
「そんなに知りたかったら天国へいらっしゃい」
★愚か者が賢人のふりをするのは簡単だ。口を閉じていれば良い。
★魂でさえ休息がいるので、人間は眠る。
口にも休息を与えて、他人の言葉に耳を傾けなさい。
★争いを鎮めるのに最良の薬は沈黙である。
★もし楽しく長生きをしたかったら、鼻から空気を吸って、口を閉めておきなさい。

第7章
恋愛と結婚

情熱のために結婚しても、情熱は結婚ほど〝長続き〟しない。

ユダヤ人は、激しい恋愛をしない。このことはユダヤ人の結婚観に基づいている。

ユダヤ教では、『聖書』の創世記のなかで、神が人間に〝生めよ、ふえよ、地に満ちよ〟と命じてから、結婚はすべてのユダヤ人にとって聖なる義務となっている。ヘブライ語で結婚は〝ギドゥシン〟というが、〝聖なるもの〟という言葉と同じである。〈神の恵みは妻帯者にのみ与えられる〉と、『タルムード』は述べている。これは、独身者は半人前だということである。

キリスト教は〝愛の宗教〟であるといわれる。これに対して、ユダヤ教は〝律法の宗教〟である。航空機も、鉄道も、規則にしたがって運行する。人間も、誰もが同じ共通の特性を備えている以上、鉄道や航空機とかわりがない。

では、人間生活において、〝愛〟と〝律法〟と、どちらのほうが失敗や挫折を避けるのに役立つだろうか？

先人が残した教訓にしたがって、一定の制約のなかで生きていくほうがうまくいき、安全だというのが、ユダヤ人の解答である。ユダヤ人の知恵と生活態度の基本はここにある。ユダヤ人は、人生のあらゆるものに対して、知恵をもって生きようとするのだ。

結婚指輪は、ユダヤ人がつくったものである。これは、結婚が始めも終わりもないほど長いことを象徴している。

ユダヤの結婚式では、新婦が新郎のまわりを七回まわるが、これも指輪と同じように、結ばれた二人の縁が始めも終わりもないことを象徴している。

ユダヤのことわざに、〈結婚は恋愛の目覚まし時計だ〉というのがある。結婚はキリスト教徒が言うように二人の男女が一つになるのではなく、二人が共同生活を営むことである。二人ともが、この現実を直視したほうがよいのだ。

金と銀は、火のなかで精錬されて、〝はじめて輝く〟。

この言葉は、〈情熱のために結婚しても、情熱は結婚ほど長続きしない〉という警句をさらに説明するのによく使われる。

たしかに、金と銀は、一度情熱という火によって焼かれ、溶かされなければ、美しい金器や銀器にならない。しかし、いつも熱せられて、溶けているのでは、実生活の役には立たない。

夫婦も、結婚したら情熱よりも冷えた金器や銀器のように、冷静に生活に取り組んだほうが、楽しい結婚生活を送れるのである。

情熱は火である。火と同じように欠くことができないが、〝火と同じほどに危険〟である。

火は、人間を寒さから守り、料理を用意し、生活を便利にする道具をつくるのに欠くことができない。電気が発明されるまで、火がなかったら、日中しか本が読めなかった。

もう一方では、火は家を焼き、破壊や、戦争に使われる。

恋、怒り、仕事——創造するにあたって、情熱は火と同じように欠くことができない。

それでも、情熱はしばしば自分自身や、家庭や、会社を破壊してしまうことがある。

情熱は、〝もう一つの火〟である。

この火がなければ、人間は生きていけない。情熱は、役に立つ。それでも、気をつけないと燃えさかり、火傷《やけど》を負うことになる。身を滅ぼすこともある。

昔のヨーロッパや、日本の街まちでは、日没後、就寝前に、街路を番人が「火の用心！」「火の用心！」と叫びながら巡回したものである。

私たちは、毎日、情熱の火を自分のなかで燃やしている。だから、同じように、「火の用心！」「火の用心！」と自分に向かって呼びかけなければならないのだ。

恋愛はいくらすてきでも、〝テニスの役に立たない〟。

恋愛は、すばらしいことである。

しかし、みなさん——とくに青年男女の諸君！　恋愛は、テニス、ゴルフ、魚釣り、野球、入学試験、飛行機の操縦、貯金、アイス・スケートには直接役に立たない。そして、日常生活にも役に立たないのだ。

恋愛は、人生のすべてではない。愛は生活のすべてを満たすだって？　まさか！　恋愛がもしすべてだったら、雨が降っている日に天井がなくても、屋根がわりになるはずだし、寒い日には毛皮のかわりになるはずだろう。恋をしているイヌイットは、アザラシの毛皮や、氷の家をつくらないで、エデンの園のアダムとイブのように暮らすはずである。

日常生活には、パンや、魚や、野菜や、カーテンや、靴や、電話や、歯ブラシや、給料袋といった多くのものが必要である。

そこでこの言葉は、恋愛が万能だと思う者に対する戒めなのである。ユダヤ人は常識家であるから、恋愛至上主義者はいないし、ましてや情死する者もいない。

神は新しい夫婦が生まれるたびに、〝新しい言葉〟をつくっている。

〈二人の男女が結ばれると、いままでどこにもなかった新しい世界が一つ生まれる〉ということわざがある。この世界には、二人だけの新しい言葉が生まれるのだ。

結婚すると、男は失うものがある。もちろん、女も失うものがあるが、『タルムード』

時代は、男のほうが尊重されたので、女が失うほうの話は載っていない。

あるとき、ローマの皇帝が、ラビ・ガブリエルに尋ねた。

「女は男にとって、どれほど尊いものであろうか？　ユダヤの神はアダムを眠らせたうえで肋骨《ろっこつ》を一本取って女をつくったという。泥棒ではないか」

『聖書』の創世記には、たしかにイブはアダムの肋骨からつくられたと載っている。ラビは皇帝に、その場にいたら警官を呼ぶべきだと答え、そしてつけ加えた。

「昨夜、私の家に盗賊が入り、銀のスプーンを盗みました。そして金の盃を置いていきました」

「へえ、それはすごく幸運だった」

と、皇帝は創世記ではじめて太陽が昇ったように、目を輝かせた。

「ええ、神が女を与えてくださったのも、同じ話です」

男が女といっしょになると、失うものがある。収入や、気ままな自由といったものである。しかし、そのかわりに、黄金の盃である伴侶を得るのである。

嫉妬は一〇〇〇の目を持っている。
しかし、〝一つも正しく見えない〟。

〈嫉《しっ》妬《と》のない愛はほんとうの愛ではない〉と、『タルムード』は説いている。では、世界でただ一人の男と一人の女であったアダムとイブはどうだったろうか。

『タルムード』は律法集であるとともに、『聖書』の解説書である。解説というよりは、解釈集であるといったほうがよいだろう。ラビたちが集まって『聖書』の意味について討論したものを、録音したようなものである。

　さて、ラビたちは嫉妬の問題について議論をはじめたときに、創世記がすぐに念頭にのぼった。

「いったいイブは、アダムに嫉妬を感じただろうか？」

　一人のラビが疑問を投げかけた。長い討論が続き、結論が出た。

「イブは嫉妬を感じたはずである。嫉妬がともなわない愛はありえないし、嫉妬をしない女が存在するはずがない。イブはアダムが帰ってくると、いつも肋骨の数をかぞえたのである」

“結婚の鎖”はとても重い。時には男女二人だけでなく、子どももいっしょに運ばねばならない。

大人数の人間とつきあうのは、やさしいことだ。自分が嫌いな者は避ければよいし、たとえ、嫌いな者がいても、何百人か、何十人に一人であるから、どうということはないだろう。

アメリカの有名なマンガ――子どもだけが主人公になっている、大人向きのマンガ――に『ピーナッツ』がある。日本でも、スヌーピーという犬で、有名になっている。このなかで、作者はスヌーピーの飼い主であるチャーリー・ブラウンにこう言わせている。

「ボクは人類を愛しているけれど、人間は嫌いなんだ」

人間関係では、一対一の交際がもっとも難しい。どのような親しい者でも、いっしょに暮らすことになると、相手のいやな面が目立つようになる。

結婚は男女が共同生活を営むことであるから、相手のいやな面が全面的にあらわれる。

そして、自分のいやな面も相手にそのままの大きさで突きつけることになる。

結婚ほど美化して伝えられ、語られているものは、ほかにない。そうでもしないと、結婚を怖れて、結婚する者がいなくなってしまうからであろうか？

まさか！

二人の人間が共同生活を営むというのは、人生の重大事なのである。

子どもは夫婦を結びつける。子どもを育てることが、聖なる義務であることは、いうまでもないが、二人は子どもに共通した関心を向ける。そして、子どもが加わることによって、夫婦の一対一の関係から複数の関係になる。

子どもは、結婚という〝黄金の鎖〟をいっしょに運んでくれるのだ。

息子が結婚するときは、〝花嫁に契約書〟を与え、〝母親に離縁状〟を出さなければならない。

ユダヤ人は功利的な民族だといわれる。ユダヤの知恵は、長い経験に基づいている。

ユダヤ人は、子どもが成長して結婚すると、親は同じ家には住まないことがルールになっている。親は新婚夫婦が新居を構えられるように、援助する。同じ屋根はいただかないのだ。

というのは、姑《しゅうとめ》と嫁がうまくいかないことをよく知っているからである。どちらが悪いというのではない。ただ、うまくいかないのだ。

世の中には、「どうして?」と反問してはならないことがある。水は上から下に流れる——といったルールである。

〈一軒の家に姑と嫁が住むのは、二匹の猫を一つのバッグに入れるようなものだ〉〈姑と嫁は同じ屋根の下に住めるだろうか。これは同じ小屋のなかにトラと山羊《やぎ》を入れるようなものである〉ということわざと同じである。

さらに、強く戒めるために、〈姑と嫁は同じ荷車に乗ってはならない〉という警句もある。

これは、男から見たものだが、微笑《ほほえ》ましい。

〈アダムは世界一幸運な男だった。義母がいなかったから〉。

結婚するときには、離婚のことも考えなければならない。

このことわざは、二つの意味を持っている。

一つは、前項のように、ユダヤには〈息子が結婚するときは、まず母親に離縁状を出さなければならない〉というルールがある。つまり、妻をめとるときは、自分の母親と離縁してもよいくらいの女性であるかどうかをまず考えなければならない。

第二に、この新妻と将来離婚するかもしれないということである。結婚とは、つねに離婚の原因を含んでいるのである。

さて統計によれば、ユダヤ人の離婚率は非常に低いのであるが、これは結婚に対する現実的な戒めが多いためであろう。

私はラビとして長い間、いろいろな夫婦間のトラブルを扱ってきたが、離婚のもっとも大きな原因は二つあると思う。

一つは、母親の問題であり、姑のことから離婚に至るケースが非常に多い。

第二に、夫婦が互いに子どもっぽいというか、成長していない態度で結婚した場合である。〝子どもっぽい〟というのは、お互いに期待ばかり大きく、責任がないことである。

したがって、結婚するときは、この二つのことについて、よく考えなければならない。

初婚は〝天〟によって結ばれる。再婚は〝人間〟によって結ばれる。

ユダヤ教では、離婚は禁じられていない。もちろん、離婚は望ましくないことである。それでも、離婚したい夫婦は、ラビのもとに行き、どうしてもうまくいかないということをラビが認めれば、離婚が許される。

結婚――何と難しいことだろうか！

不幸な結婚は、続けるべきではない。良い結婚は男に翼を与えるが、多くの人は、二人が長い間ほんとうに求めあえるかよく考えずに、孤独を追い払う番人として、伴走者を求めるために、結婚する。ユダヤ人は、男女は二〇代の半ばになったら、結婚しなければならないと教えられる。『聖書』には、〝生めよ、ふえよ〟という命令が書かれているのだ。

結婚は、義務なのである。

結婚は、六つの要素から成り立っているといわれる。一つが〝愛情〟で、あとの五つが〝信頼〟だという。

また結婚は、はじめの三週間は互いを観察しあい、つぎの三か月は愛しあい、そのつぎの三年間はけんかして過ごし、またつぎの三〇年間は、赦《ゆる》しあって送るという。さらに悪く言う者は、独身者はクジャク、婚約した男はライオンのように振る舞い、結婚すると牛馬になるという。

それだけに結婚するときには、慎重にならなければならない。

結婚へは、〝歩け〟。離婚へは〝走れ〟。

結婚は人生の墓場――という言葉は、ユダヤのものではない。しかし、〈結婚は恋愛の目覚まし時計〉というのがある。

また、〈結婚とは、ある銘柄のビールを飲んで、おいしいと感激した男が、そのビールの醸造所に働きに行くようなものである〉ともいう。

結婚相手を選ぶにあたっては、慎重にしなければならない。慎重すぎるということはないのだ。走ってはならないのである。

しかし、今も昔も、結婚にはあわてて走り込む男女が多いことに変わりはない。

ユダヤ人は現実的であるから、ユダヤ教はキリスト教（カトリック）のように離婚を禁じたり、悪だとみなしてはいない。もちろん、離婚は不幸なことである。だから、夫婦が努力したうえで、それでもうまくいかないときだけ、離婚するべきだと考えている。

不幸な結びつきであるからこそ、早く解消されたほうが良い。それだから、うまくいかないと思ったら、走れ、ということである。

結婚することはやさしいが、離婚することは難しい。それなのに人びとはいつも結婚へは走り、離婚へは歩いていくのである。

日々の生活に活きるユダヤ金言集⑥

★初恋の女性と結婚するほど幸運な者はいない。

★美人は見るものであって、結婚するものではない。

★男はまず家を建て、野原にブドウを植えてブドウ園をつくり、そのうえで、妻を迎えるべきである。この順序を逆にしてはならない。

★一〇の国を知るほうが、自分の女房を知るよりもやさしい。

★男を老けさせるものは四つある。不安、怒り、子ども、悪妻。

★激しく恋をしているときは、自分に恋をしているのか相手に恋をしているのか、よく考えなさい。

★恋をしている娘を家に閉じ込めておくのは、一〇〇匹のノミを囲いのなかに入れておくほど難しい。

★女をはかるのに三つのモノサシがある。料理、服装、夫。この三つは彼女がつくるものである。

第8章
つきあい術

他人から百万言を費やして中傷されるよりも、〝友人のたった一つの心ない言葉〟によって、人は大きく傷つく。

社会は誰によって成り立っているのであろうか。もっとも常識的な答えは、社会は多くの人間から成り立っているというものである。しかし、この多くの人間をいろいろわけて考えてみたときに、自分の社会は親しい友人たちからできあがっており、また自分の社会は、親しい友人たちによって支えられていることがわかる。もし人間に親しい友人がいなかったとしたら、この社会に生きていく自信をまったく失ってしまうだろう。

そこで、他人から中傷された言葉はそれほど響かないが、身近な人から言われた言葉は、たとえ小さなものであっても、人は大きく傷つくのである。

したがって、友人に対して批判をするときは気をつけなければいけないし、ましてや友人を中傷するようなことがあってはならない。もし不注意に強く批判したり、中傷したりしたら、自分で自分の社会を壊すことになるのである。

〝神の前〟で泣き、〝人の前〟で笑え。

ハハハ……。笑うことは、楽しいことではないか。

笑いは、ユダヤ人の力の源泉の一つである。知恵と知識も、笑いを知らなかったら脆《もろ》いものである。

ユダヤ人は、〝本の民族〟であるとともに、〝笑いの民族〟であるともいわれる。

笑いは楽観であり、また余裕である。笑うだけの余裕のない者は、追い詰められて身がすくんでしまう。

笑いは、ユダヤ人にとっては、知性を磨く砥石《といし》でもあるのだ。だから、このような笑いは、お互いに大いにわけあうべきなのだ。

これに反し、泣くのは神の前で——一人で泣くべきである。悲しみは、他人にわけ与えるべきものではないからだ。

“自分を笑える者”は、他人に笑われない。

自分を笑うことができる者は、自分を客観化することができる。いってみれば、自分を外から冷ややかに眺めてみることができるのだ。ということは、自分の滑稽《こっけい》さを知っているということである。

あまりにも自己中心的な者は、自分を他人と同じように冷静に眺めることができない。外へ向ける目があっても、内へ向いている目を持っていない。こういう者は、他人を笑うことができても、他人に笑われると怒るし、自分のどこがおかしいのかわからない。

自分のおかしさに気づく者は、直すことができるし、また、他人に笑われても、寛容に受け取ることができる。

人間は、誰だって笑いの対象になるのだ。だから、世の中は楽しいのである。

笑いは余裕である。そして、自分に対して余裕を持てる者は、自分を追い詰めてしまうようなことがない。

自分を笑うことができる者は、他人を笑うときにも穏やかだ。笑ったとしても、その笑いによって、他人を傷つけることが少ないのだ。そのうえ、自分を徹底的にまで追い詰めることもしないだろう。

いかに〝親しい友〟でも、あまり〝近づきすぎるな〟。

〈友だちは石炭のようなものである〉と『タルムード』はいう。燃えている石炭だ。適当な距離まで近づかないと、暖まることができない。しかし、あまり近よると、身を焼いてしまう。

そして、これは妻にもあてはまるという。人間は人間を独占しようとしてはならないのである。

あいまいな友であるよりも、〝はっきりとした敵〟であれ。

人がもっとも扱いにくいのは、あいまいな友人である。はたしてほんとうの友人であるか、それとも敵であるかわからない人というのは、ほんとうに困る。人間誰でも友人に会うと警戒をゆるめる。しかし、その人がはっきり敵だとわかっていれば、その敵が何を自分に求め、そして何を求めていないかということもはっきりとわかる。

だから、人とつき合うとき、あいまいに友だちのふりをするのは、きわめて卑怯《ひきょう》なことである。はっきりと敵となったほうが、はるかに良い。

老人が若い妻をもらうと、〝老人は若返り、妻は老ける〟。

これは、人間は、いっしょにいる者に影響されるということだ。

もっとも、年老いた夫が若返らず、妻がいつまでも子どものように若々しかったら、この結婚はうまくいくまい。

〝時代思潮〟という言葉がある。ある時代に生まれたら、その時代の思潮から逃れられないということだ。人びとは、時代の囚人である。

誰だって、そうだ。周囲と足並みを揃《そろ》えずに生きるのは難しいし、周囲に影響されない者はいない。

自分がつき合うサークルについても、同じことがいえる。〝時代思潮〟というように、これを〝友人思潮〟とでも呼ぼうか。人間は自分が生まれついた時代と同じように、交際する範囲の人びとの囚人となるのである。

友を選ぶときには、気をつけよう。

香水屋に近づけば、〝香りが移る〟。

良い友を選びなさい、人間は誰しもが影響を受けるから、という戒めである。子どもを見れば親がわかり、友人を見れば人間がわかる。

反対に、こういう言葉もある。〈ほうきは床下を清めるが、ほうきも汚れてしまう〉というのは、賢く、高潔なラビでさえも、悪人を善導しようとして交わっているうちに、いくらか、おかしくなってしまうというのである。だから、凡人であれば、友を選ぶときには、良からぬことや、悪いことに染まらないように十分に注意しなければならない。

評判は、最善の〝紹介状〟である。

アキバは、偉大なラビだった。

このアキバが臨終の床にあったときに、息子が言った。

「お父さん、あなたの友人たちに、私がいかに学問ができるか、いかに実力があるか、言ってください」

息子も、なかなか優秀な青年であった。

アキバは答えた。

「息子よ。いや、私は推薦すまい。評判こそ、最善の紹介状なのだ」

この話のように、評判は、つねに数千の紹介状が世間に向かって差し出されているようなものであり、業績が持つ声である。そして、業績ほど雄弁な語り手はいない。その声は高く広く伝わる。

互いに誤っていたと認めない限り、〝和解にはならない〟。

これは古典『ミッドラッシュ』にある教えである。

和解が行われるときに、しばしば一方のみが非を認めることがある。これでは、和解にはならない。

というのは、妥協から和解が生まれるのだから、双方とも同じことをして、対立している関係から対等な関係に戻らねばならないからである。

だから、争った者は、お互いに自分の非を認めなければならない。たとえ落ち度が自分にないと思っても、自分で何か探さなければならない。これが、和解のルールである。

相手の非だけを認めて、和解を成立させれば、結局はその後ずっと相手の非を非難し続けることと変わりがないのだ。それでは、ほんとうの和解とはならない。

お互いに詫《わ》びることが、最良の和解法なのである。

表情は最悪の〝密告者〟である。

古代イスラエル時代のこと。ある軍司令官のところに急使がとどき、敵に重要な砦《とりで》を奪われたという報告をもたらした。

司令官はあわてふためき、表情にはっきりとあらわした。

すると、妻が司令官を自分の部屋に招き入れて言った。

「わたくしはあなたよりも、いま、もっと悪い目にあいました」

「いったい、どうしたのだ?」

「わたくしはあなたの表情に、あなたが狼狽《ろうばい》したことを読みとりました。砦は、失っても、また取り戻すことができます。しかし、勇気を失うことは、あなたの軍隊を全部失うよりも悪いことです」

料理は鍋のなかでつくられるのに、〝人は皿をほめる〟。

このことわざは、人はしばしば誤って違ったものをほめてしまうことを戒めている。

たとえば、最近私がイスラエルで聞いたジョークのなかに、こういうものがある。

あるときエルサレムで、一人の男がバスに乗ると、太ったアメリカの婦人がプードルを連れて座っていた。このプードルが一人前の座席を占領しているのである。彼は疲れていたので、婦人に英語で、「申しわけありませんが、この席をあけていただけますか」と聞いた。すると婦人は聞こえないふりをしていた。

そこで彼はもう一度「申しわけないですが、この犬のかわりに私を座らせてください」と言った。今度は婦人は首を横に激しく振った。男は怒って、プードルをバスの窓から外に放り投げた。

すると横にいた男が言った。「悪いのはプードルではなく、その女のほうではないか」

この話は、人は間違ったものに怒ってしまうことを教えている。

“かめ”のなかにも、高い酒が入っている。

これは、人を身なりや持ち物で判断してはならないという意味である。

こういう古い物語がある。

あるとき、貧しい服装をした二人の若い学者が、町から町へ旅をしていた。ロディミールの町に着いたとき、彼らはまず金持ちの家の戸をたたき、宿を頼んだ。しかし、金持ちは二人の身なりを一瞥《いちべつ》すると断った。二人は、そこで、町のラビの家に泊めてもらった。

一〇年の歳月が流れ、二人は非常に高名な学者になった。

二人はまた連れだって旅に出て、ロディミールの町にやってきた。そこで一〇年前に世話になったラビのところに泊まろうとすると、金持ちに会った。

金持ちは二人の馬が立派なのに感心し、また二人が非常に高名な学者であることを知って、宿を申し出た。こんどは二人が断った。

すると金持ちは、自分の家は町で一番立派であり、町を代表して客を泊めているとつけ加えた。そこで二人は言った。

「それなら、お言葉に甘えてこの馬を泊めていただきたいと思います」

「馬？　あなた方はどうして泊まってくださらないのですか？」

「実は、私たちは一〇年前、貧しく名もないころにこの町を通り、あなたの家の戸をたたきましたが、断られたことがあるのです。いまは私たちの良い服装と立派な馬のために泊めてくださるのでしょう。ですから、この二頭の馬を一晩泊めていただきたいと思います」

〝知性だけをもって、人びとに愛されよう〟とするのは、〝砂漠で魚を捕らえよう〟とするようなものだ。

砂漠で魚を捕らえようとするというのは、徒労をさす。そして、知性があるというのは、知識を豊かに持っている者のことをさしている。

知識を豊富に持っている者は、人びとに大切にされる。というのは、便利だからである。しかし、彼は知識のために大切にされているのであり、人間として愛されているのではない。

これに対し、美しい心を持った者は、人間として愛される。はじめは知性のある者が、心のある者より大切にされているようでも、結局は美しい心の持ち主のほうが勝つことになる。

もっとも、美しい心と豊かな知識を兼ね備えていれば、これほど力強いことはない。このような人びとこそ、指導者となるのにふさわしい。そのような者は、砂漠にいても、人びとが魚を持ってきてくれるだろう。

日々の生活に活きるユダヤ金言集⑦

★友人には三つの種類がある。まず第一の友人は食物のようなもので毎日欠かせない。
第二の友人は薬のようなもので、ときたまいなければならない。
第三の友人は病気のようなもので、避けなければならない。
★二人がけんかをしたとき妥協する者は、人格を高める。
★友だちにお金を貸さない者は友だちを失わない。
★友だちの欠点を探す者は、友だちに恵まれない。

★ハエのような人間は、他人の傷口にたかりたがる。
★人を片手で押したら、もう片一方の手でその人を引き寄せなさい。
★敵から隠さなければならないことは、友からも隠せ。
★偉大な人間には、偉大な敵がいる。（『タルムード』）
★馬を働かせるには、餌でつるほうが、むちで打つよりもよく働く。
★誰にでも愛想のいい者には、気をつけなさい。
★人に接するもっとも良い方法は、ラビのように尊敬して扱い、
泥棒のように疑うことである。
★良い客は着いたとたんに喜ばれる。悪い客は帰ったとたんに喜ばれる。
★愚か者を馬鹿にしてはならない。愚か者がいるからあなたは賢くなるのだ。
★賢い敵は人を賢くするが、愚かな友人は人を愚かにする。
★一人の古い友だちのほうが、一〇人の新しい友だちよりも良い。
★魚は水がなくなると死ぬが、人は礼儀がなくなると死ぬ。（『タルムード』）

第9章

人はどんな状況でも学ぶことができる

迫害下で得た自信と知恵

ユダヤ人は歴史を通じて迫害され、何回となく財産を没収され、家を焼かれ、住んでいた土地から追放されても、生活をたてられたのは、いままで書いてきた「教育」のおかげであった。殺されない限り、教育が奪われることはなかったのである。

ユダヤ人が、歴史の流れのなかで、いかに迫害されたかは、ナチスによる大量虐殺を見てもわかるだろう。ナチスの大量虐殺は、キリスト教の世界ではじめて可能であった。というのは、ヨーロッパのキリスト教徒は、長年、疫病から飢饉《ききん》まで、悪いことがあれば、すべてユダヤ人のせいにしてきたのだった。ユダヤ人を六〇〇万人も一度に殺したのははじめてであったといっても、そのような土壌が十分にあったからである。鉤《かぎ》十字とユダヤ人の戦いは、ヒトラーがミュンヘンのビヤホールでナチ党をつくったときに、突然に起こったものではなかった。

ユダヤ人は、キリストを神として認めなかったし、ユダヤ人にとって、天主、キリスト、マリアといったように多くの神性を帯びた神々がいるキリスト教は多神教でしかなかった。

ユダヤ人にとっての神は、唯一神なのである。

もっとも、中世のキリスト教徒は、魔女狩りによって、一四世紀から一八世紀の間に、おびただしい数のヨーロッパ人を殺した。といっても、私たちも日常生活で何か悪いことがあると、誰か他人のせいにしたり、あるいは「政治が悪い」といって、いとも気楽にすべての責任を一つのものに転嫁する性向がある。

「ユダヤ人が悪い」というのも同じゲームなのである。

アリストテレスの時代の古代ギリシャ人は、一年に一回、アテネの街のなかを奴隷を一人引き回して、あらゆる罪過をきせたうえで殺したが、古代ユダヤ人は一年に一度、お祭りの日に一匹の山羊《やぎ》にあらゆる罪を負わせて、エルサレムから死海のほうへ向けて砂漠に放った。これが、〝贖罪《しょくざい》の山羊〟である。キリストが全人類の罪を負って死んだというのも、同じ発想である。

苦難は人間を鍛えて、磨くという。ユダヤ人が他の民族に見られない想像を絶する迫害に耐えて、なおユダヤ人であることをやめなかったのは、一八〇〇年以上の間、いかに試練に耐え抜いてきたかを示している。そして、財産や、生命の危険にさらされて生き抜くためには大きな知恵を必要とした。ある意味では、長い歴史を眺めれば、ユダヤ人は優れた者が生き残るという法則にしたがって淘汰《とうた》され、ユダヤ人のなかでも知的に優れた者だけが生き残ったといえる。

そしてユダヤ人は苦難に耐え抜くだけの自信（ユダヤ教が絶対に正しいという）と、力を持ってきた。ユダヤ人が自分たちの文化に揺るぎない自信を持つところに、底力がある。

ユダヤ人は、他の諸民族から〝本の民族〟という別名をつけられている。そして間違いなく歴史を通して、世界でもっとも教育が高い民族である。アメリカの統計を使えば、今日、ユダヤ人はアメリカの人口の二パーセント程度にしかあたらないのに、精神分析医、弁護士、数学者のそれぞれ一〇パーセント前後が、ユダヤ人である。アメリカの大学では、最上位成績の者がファイ・ベータ・カッパ（ジョン・F・ケネディがこの会員だった）の会員となるが、この三分の一以上がユダヤ人なのだ。

ユダヤ人は、学びの民族である。

ユダヤ人は、使命感を持っている。これは『聖書』からくる。ユダヤ人は『聖書』の創世記では、神は人間に未完成の世界を与え、万人が幸福に住めるような世界をつくらせようとして、より良い世界をつくるように命じたと解釈している。そこでユダヤ人は神からこのような使命を与えられたと信じてきた。

この民族の伝統は、神を否定したマルクスにおいても生きていた。社会科学、哲学、自然科学とあらゆる領域において、世界を改良しようという欲望は、ユダヤ人の血のなかに流れているのである。

もちろんこのような伝統に加え、迫害されてきたユダヤ人がそのような社会を改良しようという情熱に駆られたのは、当然だったかもしれない。マルクスは、旧弊なユダヤ人の戒律や、伝統を嫌ったが、彼もユダヤ人が常食としているピクルスほどに、ユダヤの伝統につかっていたのだ。

ユダヤ人は、ナチス・ドイツのポーランド占領地域にあったアウシュヴィッツ強制収容所の囚人となっても、『アニ・マーミン』という歌をつくった。「私は明日を信じている」という歌だ。これは死んでいくことを知っていた囚人がつくり、死んでいった囚人たちの唇にのった歌だった。旋律も美しい。彼らは明るい明日と、よりよい世界が必ず来ることを信じていた。それはユダヤ人だったからである。

ユダヤの独自性を守った精神の壁

ユダヤ人街を囲んだ壁は、物理的なものであったが、より強固なのは精神的な壁であるといえた。というのは、敵意に満ちた周囲のキリスト教徒が街の壁を壊そうとすれば、いつでも壊すことはできた。事実、このようなことは、あまりにもしばしば起こった。ユダヤ人が今日までユダヤ人として独自性を失わなかったのは、物理的な壁が強かったのではなく、ユダヤ人街の周囲に建てた精神的な壁がいかに堅牢《けんろう》であったかを示している。そして、ヨーロッパにおいて封建制から人間解放を目指す時代が到来し、ユダヤ人がようやくユダヤ人街から解放されて、物理的な壁が取り払われた今日でも、ユダヤ人はこの精神的な壁は持ち続けているのである。

それでも、毎週、金曜日の日没から土曜日の日没前まで続く安息日の掟《おきて》を見たりすると、もはや戒律を守らなくなった多くのユダヤ人には、愚かしく思われるときがある。安息日には、まったく働いてはならないことになっている。この日には、いっさいの買い物から、料理さえすることが禁じられているので、主婦は金曜日の日没前にすべてを用意し、日没前につけた火の上にかけておく。点火することを禁じられているのだ。そこで、安息日が始まる前から灯《あかり》もつけたままにする。タバコも吸ってはならない。

ユダヤ人は金曜日の晩には、しばしばユダヤ人ではない親しい客を夕食に招く。しかし、タバコが好きなら、いかにユダヤ人が祈祷《きとう》文を歌いながら食事をするのがめずらしいといっても、行かないほうがよい。とにかく火のないところには煙がたたないのだから。

また、ユダヤ人は安息日には家族とともに過ごし、ともに神を敬い、子どもの勉強をみる。といっても字を書いてはいけないのだ。

安息日には、このほかに乗り物に乗ることも禁じられている。もちろんエレベーターもいけない。

敬虔《けいけん》なユダヤ教徒なら、このように戒律の網のなかで暮らさなければならない。日常の食事にも守らなければならない戒律がある。エビ、イカ、タコ、貝類、豚は禁じられているし、ラビが戒律にしたがって処理したもの以外の牛、羊、鶏肉も禁じられている。しかも禁じられている食物がいったん触れた皿から食べることさえ許されないのだ。

そこで、ユダヤ人はユダヤ人以外のところでは食事ができなくなる。

また、ユダヤ人は顔に傷をつくってはならないので、鬚《ひげ》を剃ることができない（もっとも電気かみそりは許されている）。

食事の戒律は暑い砂漠で食あたりしない知恵からきているだろうし、顔に傷をつけてはならないという教えは、今日でも自ら顔や体に傷を刻むアフリカ人に見られるように、人類学者がいう身体変容が、聖書時代にアフリカで行われていたのに対して戒めたものだろう。

このような厳格な戒律を、ユダヤ人がディアスポラの時代を通じて守ってきたというよりも、戒律がユダヤ人がユダヤ人であり続けることを守ってきたといえる。軍人は軍隊的な動作をすることによって、自らを納得させて軍人らしくなるのであり、小さな集団は、他の集団と違うことを身ぶりで示すことによって、自分の集団が他と違うことを確認しあい、団結を強めるものである。

しかし、戒律を捨てても、ユダヤ人は他の民族と違って独特なのだ。長年の習性や発想は消えるものではなく、ユダヤ人は世界の人間を、ユダヤ人と他民族とにわけて考える。どうしても、ユダヤの世界対他の世界ということになってしまうのだ。

狂信を排し、適度を尊ぶユダヤ人

ユダヤ人が強固な精神の壁を守り抜いてきたというと、ユダヤ人は神によって指し示された正義を守り、より良い世界をつくる使命感に燃えるといった狂信的な人びとの集団のように聞こえるかもしれない。とんでもないことだ。いったい、あれだけ迫害されて、生きのびてきたとすれば、一八〇〇年以上も狂信だけをもって、精神的に耐え抜くことができただろうか？　どのような人間でも、生きていくためには喜び、泣くことが必要である。ユダヤ人は世界でもっとも圧迫された民族であったからこそ、それだけに喜怒哀楽を豊かに持ってきた。それでなければ、いかに強靭《きょうじん》な精神を持っている人間でも、しじゅう張りつめていたら、挫折してしまったことだろう。

もともと、ユダヤ人はディアスポラの生活に入る前から、生活におけるバランスというものを大切にしてきた。ユダヤ人には、狂信者はいない。といっても、エルサレムの嘆きの壁の前で体を細かく揺らせて祈る熱心なユダヤ教信者たちの姿を見たら、外国からの観光客には狂信的に映るかもしれないが、彼らにしても狂信者ではないのだ。なぜならば、ユダヤ教は狂信を排するからである。

ただ、嘆きの壁は紀元七〇年にローマ軍によってエルサレムの神殿が破壊されたときに、ただ一つ残った西側の壁であり、ディアスポラの生活の間じゅう、ユダヤ人は朝夕の祈祷を「来年こそはイスラエルで」という言葉で結んだので、古代イスラエルの象徴である嘆きの壁の前に立つことは、激しい感動を誘うのである。嘆きの壁は、いつかはわからなくとも、必ず帰る日が来る祖国の象徴であった。

ユダヤには、古代から隠者がいない。神のために快楽はもちろん、家族も生活も捨てて、山に籠《こも》るような聖者は存在しなかった。

今日でも仕事――ビジネスでも研究でもよい――のために、家庭生活や、人生の他の楽しみをすべて犠牲にしてしまうユダヤ人はいない。一つのことにかたよって、他のすべてを犠牲にするのは、ユダヤでは美徳ではない。

ユダヤ教のラビは、学者、地域社会の指導者、相談相手を兼ねているが、妻帯しており、ふつうの人間生活を送っている。カトリックの僧侶や尼僧のように、生涯、異性を知ってはならないといった行者は、ユダヤ人から見れば非人間的なことである。人間をつくって性を与えた神に背くことになるのだ。ユダヤ人は誰であれ、独身でいることを神に背くと考えてきた。

キリスト教徒と比較することを許されたい。というのは、キリスト教についてはよく知られているから、対比することによって、ユダヤ人を容易に説明できるからである。ユダヤ人はキリスト教徒のように、性を不潔なものとして蔑視しない。神が人間に性の快楽を与えた以上、悪いものであるはずがないのだ。異性を見て、心のなかで色情を催したら肉体が姦淫《かんいん》したのと同じである、というのはユダヤ人にはまったく縁のないことである。反対に、ユダヤ教は夫婦であっても、快楽をともなわない性交渉を持つことを禁じている。

ユダヤ人の金銭に対する態度も、まったく同じである。キリスト教徒は金銭を性と同じように罪深く、不潔であり、千歩譲っても必要悪であるとしか考えてこなかった。しかしユダヤ人は、このようなタブーに縛られてはいない。ここでもお金は性と同じように使いかたによって、良くも悪くもなるものだとみなした。ユダヤ人は、「金銭は機会を提供する」ものだと、古代から言ってきたのである。ユダヤ人の世界では貧乏は不名誉ではないが、キリスト教徒のように清いとかいって鼻にかけて自慢できることではない。

しかし、ユダヤ人は、食、飲酒、性、金銭に限らず、すべて過度なことを嫌う。ユダヤ人は適度ということを伝統的に教えられてきた。

お金についていえば、お金が貯まるほど、慈善を施さなければならない。ユダヤ人社会は、もっとも慈善を強調する社会である。これは幼いころから、慈善用の貯金箱を渡されて、教えられる。

ユダヤ人と慈善についてもう少し説明すれば、英語で（他のヨーロッパ語でも）慈善は「チャリティ」というように〝施す〟という意味である。しかし、ヘブライ語では慈善と正義は同じ「ツェダカ」という言葉である。『聖書』には、ノアは〝ツェダカ（正義の人）〟だったということが繰り返し出てくる。

夢多き楽観主義者

ユダヤ人は、知識を重んじるのと同じほどに知恵を尊ぶ。ユダヤ人にとって知恵のない知識は、有害である。キリスト教徒は、知識偏重のきらいがある。科学がもっとも進んだ国であったドイツでは、世界に先駆けて、V1、V2のようなロケットから、ジェット機までつくった。それなのに、ナチスの狂信者たちを総統官邸の主人にしてしまったのだ。いったい人間を殺して食べた人たちと、人間を殺して石鹼《せっけん》をつくったドイツ人と、どちらのほうが文明的であっただろうか？

ユダヤ人のもう一つの特徴は、笑いを好む民族だということである。おそらくユダヤ人ほど、ジョークの多い民族はないだろう。これは、一つには迫害に耐えて生きるのに、笑いが必要だったためである。笑いは逃げ場であり、相手はもちろん、自分すら笑いの対象にすることによって、相手に対して束の間であっても優越した地位を取り戻し、また自分自身から超越することができたのだった。

しかし、もう一つの面を見れば、短い物語としてのジョークから生まれる笑いは、きわめて知的なものだ。ジョークの笑いは、物事を一歩それて、思いがけない違った角度から眺めることによって生まれる。〝ヘブライ〟の意味が、〝もう一方に立つ〟ということを思い出してほしい。あらゆる角度から見る能力があって、はじめて笑うことができる。これは機転であり、機知である。

ユダヤ人は家庭で、あるいは会合で集まると、すぐにジョークの交換をする。これはいわば頭の柔軟体操である。フロイト、アインシュタインは、みなジョークの名手だった。アインシュタインは「相対性理論も、優れたジョークと同じように宇宙の真理への手がかりを求めようとするのだ」と語っている。それに、ユダヤ人が笑いが好きだということは、ユダヤ人が楽観主義者であることを示している。マーク・シャガールの絵は、ユダヤ人街に住むユダヤ人の人生観を典型的に表現している。空を漂う恋人たちや、家畜、甘い夢、花束といったものは、ユダヤ人街の世界だ。もっとも、ユダヤ人は住んでいる土地の影響を受けたから、シャガールの絵の世界は、同時にスラブ人の農民のロマンチシズムを多分にあらわしている。ユダヤ人は夢多く、楽観的なのだ。

ユダヤ人誤解の源と真相

おそらく、ユダヤ人ほど誤解されている民族はないだろう。これは何といっても、キリスト教徒がキリストの福音とともにユダヤ人に対する偏見を広めたからである。キリスト教徒は、強者であったのであり、強者の声ほど、遠く大きく伝わるのだ。

ユダヤ人は、二〇世紀に入ってドイツで胸にユダヤ人であることを示す記章をつけるよう強制された。しかし、これは何一つ新しいことではなかった。たとえば、ローマ教皇は一二一五年に第四ラテラン公会議で、ヨーロッパに住む全ユダヤ人に黄色い帽子をかぶることや、バッジを付けることを命じたのだった。

ナチスはユダヤ人の著者による本を焼いた。これにも多くの前例がある。一二三九年にローマ教皇のグレゴリウス九世はあらゆる『タルムード』を没収し、焼くように命じた。パリやローマへ行ったら、広場の美しさに感心するだけでなく、ここで毎日『タルムード』が煙をあげて焼かれていたことを思い出してほしい。

ユダヤ人は、お金に関しても偏見を持たれている。金銭に汚い、金銭のためなら何でもする、ユダヤ人は抜け目ない商人だといわれる。これは、とくにシェークスピアの『ベニスの商人』によって広められた。

まず、客観的な事実から述べていこう。ユダヤ人はシェークスピアが生まれる前に、イギリスから追放されていた。だから、シェークスピアの時代には、イギリスには一人もユダヤ人はいなかったはずだ。シェークスピアは、ユダヤ人に対する偏見をただ信じていたのだろう。それに金銭に汚いといっても、ヨーロッパで、キリスト教徒が金銭を蔑視していたときに、為替や、銀行制度をつくったのはユダヤ人であったことを思い起こしてほしい。ユダヤ人はキリスト教会が金利を罪悪だとみなしていたときに、金利は当然のことだと思っていた。もっとも、今日、あらゆる銀行が、金銭に汚い人びとによって経営されているというのなら、これも一つの識見である。

紀元七〇年にイスラエルを追われてから、ヨーロッパにはユダヤ人の農民は一人もいなかった。これは、中世のヨーロッパでは、ユダヤ人は土地を所有することを法律によって禁じられていたからである。また、ユダヤ人は製造業者の組合であるギルドに入ることを禁じられていたので、製造業にもつけなかった。そこでユダヤ人は商人になるほかなかったのだ。

それにユダヤ人はキリスト教徒の大多数が字が読めず、自分の指で数えるのがやっとだったころ、すでに全員が高い教育を受けていたので、商売にもすぐ才覚が発揮できた。そこで王侯たちは競ってユダヤ人を番頭に雇い入れたのだ。どんなときでも教育を積んだユダヤ人の商人のほうが優秀だったから、キリスト教徒の商人はしばしばユダヤ人との競争に勝てなかった。するとキリスト教徒は領主をそそのかしてユダヤ人の財産を没収するか、商売で負けた説明を、相手が正直なうえ一〇以上数えられるという事実を認めるかわりに、狡猾《こうかつ》だと言ったのである。

それに、もし、ユダヤ人が金銭に対する執着だけで動くのであったら、どうしてキリスト教徒に同化しなかったのだろうか？　ユダヤの神などは、一セントにもならないのだ。一〇九六年に第一回の十字軍がパレスチナへ向かったときに、ヨーロッパの各地を通過する大軍は、町々でユダヤ人にキリスト教の洗礼を受けるか、殺されるかを迫った。この結果、何万人というユダヤ人が集団自殺した。もちろん、このときには十字軍によって襲われなかったユダヤ人街もあった。このようにヨーロッパの歴史を通じて改宗したユダヤ人は、迫害されることはなかったのである。

ユダヤ人は、みな金持ちだといわれる。これも誤っている。ユダヤ人は、ヨーロッパでは、大多数がユダヤ人街に押し込められ、貧民であった。ユダヤ人街は、貧民街であった。しかし、ユダヤ人がユダヤ人街から解放され、同じように市民権を与えられてからは、ユダヤ人は勤勉であるうえに、教育が高かったので、社会の上部に移ることは早かった。

アメリカを見ても、ユダヤ人移民はほとんど全員がはじめは貧民であったが、今日では中産階級以上の生活をしており、大都会の貧民街でユダヤ人を探すことは、蝶《ちょう》を探すのと同じほどに難しいのである。それでも、みなが金持ちであるというには、ほど遠い。

ユダヤ人はユダヤ人種に属しているというのも、誤りだ。人種学からいって、ユダヤ人という人種は存在していない。ユダヤ教を信じる者が、ユダヤ人となる。だから、インド人、メキシコ人、日本人だって、明日からユダヤ人になることができる。

ユダヤ人は、世界に散っていた。東ヨーロッパに散ったユダヤ人は、ドイツ語が訛《なま》ったイディッシュ語を話す。

さて、このイディッシュ語にも、ドイツ、ポーランド、ルーマニア、エストニア、ウクライナでは、それぞれ方言がある。このように世界に離散したユダヤ人は、その土地の血が混じり、風土、文化、習慣などに強い影響を受けている。さきほどシャガールの絵をあげたが、ロシアに住むユダヤ人は、多分にスラブの農民のように人が良く、ロマンチックである。イタリアのユダヤ人は、やはりイタリア的だといえる。ユダヤ料理だって、土地によって違い、その国の影響が多分にある。

世界中からユダヤ人が移民してきたイスラエルを見ればよい。イエメンからきたユダヤ人と、ドイツから来たユダヤ人が並んでいたら、髪、目の色、骨格まで違うので、同じユダヤ人だというようには見えない。ただ、ユダヤ教という共通点によって結ばれているだけである。

ユダヤ人を見分けるのには、鼻を見ればよい、鉤鼻《かぎばな》をしている、とよくいわれる。これも誤っている。よく鉤鼻をしているユダヤ人がマンガに登場するが、見当外れだ。鉤鼻をしているのは、西部ロシアのユダヤ人と、近東にいるユダヤ人だけである。そこで肉体的特徴から、ユダヤ人を見分けようとしても徒労に終わることになる。ユダヤ人はアジア人であるから、黒い髪と黒い目をしている者が多い。しかし、金髪も、赤毛もいる。

外見的にユダヤ人を見分ける方法があるとすれば、目だ。ユダヤ人は、もの悲しい瞳をしている。長年の迫害のためだ。そして今日生きているユダヤ人のなかで、ナチス虐殺の遺族でない者は一人もいない。私も親戚の多くの者を失っている。世界にいたユダヤ人の三人に一人がナチスの犠牲になったのだ。イスラエルの国歌を聴いたことがあるだろうか？　あの国歌の悲しい旋律を聴いて涙が出ない者がいたらめずらしい。ユダヤ人の歴史を知ったうえで聴いたら、誰でも心から感動するだろう。

ユダヤ人は排他的だというが、ここにも誤解がある。ユダヤ人街で閉鎖集団をつくり、なかで秘儀めいたことをして、外国人には覗《のぞ》かせない、といったイメージは、かなり広まっている。しかし、そのようなことはない。これは、長いことユダヤ人をユダヤ人街に閉じこめ、外から中を訪れようとしなかったからである。

たしかに、ユダヤ人は独特の戒律や、生活習慣を持っている。それでも独特であるから閉鎖的であるとはいえない。それに、ユダヤ教は宗教であるとともに、ユダヤ人の生活のいっさいのものである。

ユダヤ人の宗教儀式や生活を見たかったら、外国へ行ったついでにホテルの近くのシナゴーグに行けばよい。喜んで見せてくれるはずだ（東京にも広尾に一つある）。ユダヤ人のなかには、家庭に招いてくれる者もあるだろう。

また、ユダヤ人は名前を見ればわかると、したり顔をして言う者がある。これは、ある程度までは正しい。しかし、ヨーロッパのユダヤ人がどうして名前を持つようになったか、歴史を知っている者はわずかだろう。それでも、名前さえ見れば、たちどころにわかるというのは誤りである。

さて、最後にもう一つ。ユダヤ人が世界を征服する陰謀を企んでいるという説があるが、これは二〇世紀のはじめに流布された『シオンの議定書』を主な根拠としている。この『シオンの議定書』によれば、一八九七年にスイスで開催された第一回世界シオニスト会議で、ユダヤ人が世界を征服しようという秘密決議が行われたことになっている。そして、これ以前にも世界のユダヤ人の代表がプラハのユダヤ人墓地で一〇〇年間に一回定期的に世界支配を企む会議をもったというのだ。しかし、今日ではこれは反ユダヤ主義を政策としていた帝政ロシア政府の秘密警察によって捏造《ねつぞう》されたものであることが通説となっている。

ユダヤ人は、世界を支配しようとも、世界をユダヤ化しようとも思ってはいない。第一、ユダヤ教には宣教師はいない。ユダヤ人は長い間、神に選ばれた民族として自分たちの民族だけが自分たちの神の命令を守ればよく、他民族にユダヤ教を強要しようとしたことも、売りつけようとしたこともない。

ユダヤの格言は、ユダヤの知恵を結晶させた粉末のようなものである。まず試食してみたうえで、もし味が気に入ったら、日常生活において、職場、家庭において、毎日存分にふりかけて使っていただきたい。ユダヤの力をおわけすることができるだろう。

訳者あとがき

ユダヤ民族は、一八〇〇年以上もの歳月にわたって、苛酷《かこく》な迫害を蒙《こうむ》り、国土もなく、辛酸を味わってきたのにもかかわらず、きら、星のように数多くの成功者を送りだしてきた。著者が指摘しているように、このような民族は、世界でほかにいない。

まさに、驚異的な民族なのだ。

多くのユダヤ人が逆境に耐え抜きながら、成功の栄冠を手にしてきた。ユダヤ人は数千年にわたって、成功のＤＮＡ（遺伝子）を養ってきた。

どのような民族であっても、その人々に力をもたらしているのは、その民族が培ってきた文化である。文化こそが、それぞれの民族のパワーの源となっている。

ユダヤ人とその文化にひとたび関心をいだくと、ユダヤ人の数千年にわたる生き様について、もっと知りたくなって、好奇心のとりこになってしまう。学べることが、じつに多いからだ。

本書は、そんなユダヤ民族の成功の秘訣を、明かしている。

では、ユダヤ人の力は、いったい、どこからもたらされているものだろうか。

一、祖先から受け継いできたユダヤ人の生きかたが、世界でもっとも優れているという信念がある。これは、ユダヤ教が唯一《ただひと》つの正しい宗教だという、信心に基づいている。

二、ユダヤ人は、何よりも学びの民族である。ユダヤ教では聖書を学ぶことが、神に祈ることだとされてきた。学ぶことが、すなわち祈ることであり、祈ることが学ぶこととされている、世界でたった一つの宗教である。

三、ユダヤ人は、ことさらに論争を好む。研究心が旺盛なのだ。聖書をつぶさに検討し、解釈をめぐって意見を戦わせることが、神を称えることとされてきたからである。

四、この結果、何よりも知性と知恵を重んじてきた。他の民族が、政治指導者や、軍人を英雄として崇《あが》めてきたのに対して、ユダヤ人はそのかわりに学識者を尊んできた。

五、著者も言うように、国土を失ってから、艱難辛苦《かんなんしんく》によって、鍛えられたからである。

ユダヤ人たちは、全世界に小さな地域社会をつくって生きることを強いられたが、地域社会の指導者は政治家ではなく、ラビ（僧侶）だった。

本書にも、しばしばラビが登場するが、ラビは僧職であるだけではなく、学識者である。地域の住民によって、ラビのなかから、リーダーが選ばれた。

六、ことさらに、知性と知恵を尊ぶ民族であるから、応用問題に長けていた。そのために、ビジネスの世界でも、その能力が存分に発揮されてきた。

七、ユダヤ人は、ユダヤ教をかたくなに守り抜いた、固い芯を持ちながら、柔軟きわまりない頭脳の持ち主である。ユダヤ人は「本の民族」といわれるとともに、「笑いの民族」とも呼ばれる。ユダヤ人は笑いが、頭脳という剣を研ぐ砥石《といし》だという。

日本はかつての旺盛な高度経済成長時代が終わり、低成長時代に入ってから、活力を萎《な》えさせているように見える。だが、逆境にある時こそ、力を発揮しなければならない。

日本はユダヤと同じように、天然資源を、まったく欠いてきた。知力しか武器がなかった。これまで日本を興隆させてきた力は、ユダヤ民族の場合と同じように、日本らしさにある。日本人も勤勉であることと、知を磨いて、学ぶことを、何よりも尊んできた。

明るい将来が描けない今こそ、基本に立ち返り、日本文化の強みを磨いて、立ち向かっていかなければならないのだ。

ユダヤ人は逆境にあっても、悲観することがなかった。つねに、笑いを大切にして希望を失うことなく、自分の力を信じてきた。私たち日本人はユダヤ人から、多くの成功の秘訣を学ぶことができるだろう。

本書は一九七五年に実業之日本社から発行されたものをベースにした〝ユダヤ人の叡智の結晶〟である。四〇年以上の歳月が経過した現在でも、その内容はまったく色あせてはいない。ユダヤ人の逞《たくま》しさと、知恵を学んで、人生という戦いに必要な養分を、おおいに摂取してほしい。

二〇一六年九月

加瀬英明

本書は一九七五年に実業之日本社から刊行された『ユダヤ格言集』、その改訂版である『ユダヤ5000年の教え～世界の富を動かすユダヤ人の原点を格言で学ぶ～』（二〇〇四年）を、改題・再編集のうえ新書化したものです。

ラビ・マービン・トケイヤー

1936年米国ニューヨーク生まれ。ラビ（ユダヤ教の僧侶）の資格を取得し、1967年、東京・広尾に日本ユダヤ教団を設立。初代ラビとして1976年まで活躍。『ユダヤ・ジョーク集』（講談社）などの著書がある。現在、米国在住。

加瀬英明［かせ・ひであき］

1936年東京生まれ。慶應義塾大学中退。『ブリタニカ国際大百科事典』初代編集長を経て、外交評論家として国内外で活躍中。『昭和天皇三十二の佳話』（実業之日本社）、『徳の国富論』（自由社）など、多数の著書、訳書がある。

編集：大森　隆

〈新版〉ユダヤ5000年の教え

二〇一六年一〇月八日　初版第一刷発行
二〇二二年二月七日　第四刷発行

著者　ラビ・マービン・トケイヤー
訳者　加瀬英明
発行人　飯田昌宏
発行所　株式会社小学館
〒一〇一－八〇〇一　東京都千代田区一ツ橋二ノ三ノ一
電話　編集：〇三－三二三〇－五一四一
販売：〇三－五二八一－三五五五
印刷・製本　中央精版印刷株式会社

Printed in Japan ISBN978-4-09-825285-5